Lene Mayer-Skumanz

Geschichten von Tino und Tina

Die Autorin

Lene Mayer-Skumanz, geboren 1939 in Wien, wo sie auch heute mit ihrer Familie lebt. Seit vielen Jahren stehen ihre Bücher auf den nationalen und internationalen Preis- und Ehrenlisten. Letzte Veröffentlichungen im Patmos-Verlag:
»Die Weihnachtskatze«, Bilderbuch, illustriert von Ivan Gantschev, Patmos-Verlag 1998, ISBN 3-491-79504-4.
»Julie, Martin und der Mond«, Erzählung ab 12 Jahren, Patmos-Verlag 1999, ISBN 3-491-79516-8.

Der Illustrator

Heribert Schulmeyer, geboren 1955, lebt als freier Grafiker und erfolgreicher Buchillustrator in Köln. Letzte Veröffentlichungen im Patmos-Verlag:
Manfred Eichhorn, »Der müde kleine Schutzengel«. Mit Bildern von Heribert Schulmeyer, Kinderbuch ab 4 Jahren, Patmos-Verlag 1998, ISBN 3-491-79512-5.
Lene Mayer-Skumanz, »Fabian geht zur Erstkommunion. Geschichten rund um das große Fest«. Mit Bildern von Heribert Schulmeyer, Patmos-Verlag, 1998, ISBN 3-491-79497-8.

Lene Mayer-Skumanz

Geschichten von Tino und Tina

Mit Bildern von Heribert Schulmeyer

Patmos

Die Deutsche Bibliothek – CIP-Einheitsaufnahme

Mayer-Skumanz, Lene:
Geschichten von Tino und Tina / Lene Mayer-Skumanz.
Mit Bildern von Heribert Schulmeyer. – 1. Aufl. –
Düsseldorf: Patmos, 1999
ISBN 3-491-37410-3

1. Auflage 1999
Umschlagbilder / Innenbilder: Heribert Schulmeyer
Umschlaglitho: RCS, Stadtlohn
Lithographie: RCS, Stadtlohn
Druck und Verarbeitung: Lengericher Handelsdruckerei, Lengerich
Printed in Germany
ISBN 3-491-37410-3

Inhalt

Tino und die Liebe

Tina sagt: »Ich hab dich lieb, Tino.«
Tino freut sich.
Tina sagt:
»Den großen Toni aus dem Neunerhaus hab ich auch lieb.
Und den Dackel von der Frau Murbach hab ich lieb.

Meinen Bommelwurstel hab ich lieb.
Die Maikäfer hab ich lieb.
Meine blauen Socken hab ich lieb.
Meinen Opa hab ich lieb.
Meine Flöte hab ich lieb.«

Tino weiß nicht, was er darauf sagen soll. Ganz still geht er fort. Er macht das Gartentor hinter sich zu und geht ein Stück die Gasse entlang. Unter dem Zaun vor dem Murbach-Haus streckt der Dackel seine Schnauze hervor. Tino bückt sich und streichelt den Dackel.

»Dackel«, sagt Tino. »Du darfst nicht traurig sein, weil Tina nicht nur dich lieb hat. Du musst dir denken: Wenn Tina nur einen allein lieb hätte, gingen die anderen leer aus.«

Der Dackel wedelt mit dem Schwanz.

»Ich bin froh, dass du das verstehst«, sagt Tino. »Nur gescheite Dackel verstehen das.«

Tino denkt nach

Tino sitzt im Garten und denkt nach. Er denkt nach, wer er wäre, wenn er nicht er selber wäre.
Tino sieht den Rauchfangkehrer auf der Straße vorübergehen. Der Rauchfangkehrer winkt über den Zaun. Sein Gesicht ist schwarz von Ruß. Seine Hände sind schwarz. Sogar sein Hals ist schwarz. Der Rauchfangkehrer gefällt Tino.
»Der könnte ich sein«, denkt er.

Tino sieht eine Libelle durch die Luft sausen. Sie surrt wie ein kleiner Hubschrauber. Ihre Flügel glänzen in der Sonne. Die Libelle gefällt Tino.
»Die könnte ich sein«, denkt er.

Tino sieht einen kleinen Vogel, der einen Wurm aus der Erde zieht. Ein größerer Vogel mit schwarzen Federn und gelbem Schnabel fliegt herbei. Er drängt den kleinen Vogel beiseite, pickt den Wurm auf und fliegt davon. Der kleine Vogel schüttelt seine Flügel. Er hüpft durch das Gras und sucht einen neuen Wurm, aber er findet keinen.
Tino denkt:
»Der große starke Vogel könnte ich sein.
Ich hätte aber auch der kleine, schwache Vogel sein können, dem der Wurm weggenommen worden ist.«

Tino denkt weiter.
Er sagt: »Ich hätte auch der Wurm sein können.«
Und Tino ist sehr froh, dass er er selber ist.

Tino und Max

Tino geht in den Kindergarten.
Er hängt seinen Rucksack auf den Haken unter dem Bild mit dem Stern. Der Stern ist Tinos Zeichen und bedeutet: Hier ist Platz für Tinos Jacke, Schuhe und Frühstückstasche.
Am Haken daneben, unter dem Eichhörnchen-Bild, baumelt eine kleine blaue Umhängetasche. Sie gehört Max. Das Eichhörnchen ist sein Zeichen.
Max hat gerade seine Hausschuhe angezogen. Er schaut Tinos Rucksack an. »Was hast du da drin, Tino?«
»Was zum Essen«, sagt Tino.
»Du verrückter Vielfraß!«, sagt Max. »Dir wird noch der Bauch platzen!«
Tino geht zur Frau Gabi in die Küche. »Was ist ein Vielfraß?«
»Ein großer, starker Marder, der hoch oben im Norden lebt«, sagt Frau Gabi. »Seine Raublust ist so groß, dass er mehr Beutetiere jagt, als er fressen kann. Das kommt bei Tieren nur sehr selten vor. Bei uns Menschen schon öfter. Darum nennt man so einen Unvernünftigen, der viel mehr als das Nötige auf seinen Teller häuft, einen Vielfraß.«
»Aha«, sagt Tino.
In der Frühstückspause schleppt er seinen Rucksack in

den Gruppenraum und packt aus: Äpfel, Birnen, Nüsse. »Das hat mir der Opa für uns mitgegeben. Alles ist in seinem Garten gewachsen!«

Die Kinder setzen sich im Kreis und wickeln ihre Butterbrote aus. Frau Gabi schneidet Äpfel und Birnen in Viertelstücke. Tante Rita knackt die Nüsse auf. Tina und Maria verteilen die Nusskerne, und Franziska gibt Acht, dass alles ganz gerecht zugeht.

»Nüsse auf Butterbrot, wie gut!«, seufzt Maria.

»Nimm dir doch!«, sagt Tino zu Max.

Max schüttelt den Kopf. Er ist rot bis über beide Ohren. »Schmeckt mir nicht«, murmelt er.

Tino kramt in seinem Rucksack. »Jetzt hab ich vor lauter Obst-Einräumen meine Frühstücksdose vergessen!«

»Da, beiß von meinem Brot ab!«, sagt Franziska.

»Warte, Tino«, sagt Max. »Magst du mein Butterbrot?«

»Die Hälfte«, sagt Tino.

Sie kauen und lecken noch die Krümel auf. Dann sagt Max: »He, Franziska, jetzt hab ich doch noch Lust auf Nüsse.«

»Hab ich mir ja gedacht«, sagt Franziska und holt die Portion für Max aus ihrer Schürzentasche.

Tino betet

Jede Woche einmal kommt die Pfarrhelferin in den Kindergarten herüber. Sie erzählt allen, die zuhören wollen, von Gott und von Jesus, dem Gottessohn. Die türkischen Kinder gehen unterdessen in den Hof spielen. Sie sind keine Christen, sondern Muslime. Sie haben eine eigene Religionsstunde und eigene Gebete. Sie beten zu Allah.
»Wollt ihr nicht zuhören, wie es bei uns ist?«, sagt Tino zu Güls Bruder.
Der lächelt verlegen. »Mein Vater will das nicht ...«
»Na, dann nicht.«
Die Pfarrhelferin betet mit den Kindern. Beten, das heißt: mit Gott reden.
Jedes Kind darf zu Gott etwas sagen, laut oder still für sich, wie eben jedes mag.
»Lieber Gott, beschütz die Uroma«, sagt Tina.
»Amen!«, rufen alle. Amen ist ein uraltes Wort in der Sprache, die Jesus gesprochen hat. Amen bedeutet: Ja wirklich! Stimmt! Es ist wahr!
Maria bespricht sich mit ihrer Schwester Franziska, dann sagt sie: »Lieber Gott, schick unserer Paula noch zwei oder drei Schutzengel. Es müssen aber ganz Flinke sein. Die Paula kann doch schon laufen und klettern. Jetzt ist sie überall dran.«
»Amen!«, rufen die Kinder.

»Lieber Gott«, sagt Tino, »mach mit Allah aus, dass ihr beide auf Gül und ihre Schwestern schaut.«
»Amen«, sagen die Kinder.
»Moment«, sagt die Pfarrhelferin. »Gott und Allah, das sind nicht zwei verschiedene Personen. Allah ist nur ein anderer Name für Gott. Die Christen und die Muslime glauben an denselben, einen, einzigen Gott.«
»Warum beten wir dann nicht gemeinsam?«, fragt Tino.
»Ach«, sagt die Pfarrhelferin. »Das kann ich so schnell nicht erklären. Es gibt nämlich doch große Unterschiede in den beiden Religionen. Wenn ihr größer seid, werdet ihr das besser verstehen. Für jetzt lernt einmal auf unsere Weise glauben und beten.«
»Gibt es außer Gott und Allah noch andere Namen für Gott?«, fragt Tino.
»Viele«, sagt die Pfarrhelferin. »Gott wird von Menschen in anderen Ländern mit vielen verschiedenen Namen genannt. Die Indianer zum Beispiel nennen ihn ›Großes Geheimnis‹.«
In der Frühstückspause sagt Tino zu Gül: »Wir haben auch für dich gebetet, und alle haben ›Amen‹ gerufen!«
»Amen – das sagen wir auch«, murmelt Gül.
»Na bitte!«, brummt Tino. Während er sein Butterbrot isst, betet er im Stillen ganz für sich allein: »Lieber Gott mit den vielen Namen, hilf doch, dass alle Menschen miteinander beten können!«

Tino hört es knacksen

Tino liegt im Bett. Er möchte einschlafen.
Es knackst.
Tino setzt sich auf und horcht.
Jetzt knackst es wieder.
Es knackst unter dem Bett.
Es knackst hinter dem Schrank.
Es knackst über den Fußboden hin und her.
Tino bekommt kalte Hände.
Er will rufen, aber auf einmal hat er keine Stimme mehr.

Es knackst rund um Tinos Bett, einmal dort und einmal da.
Tino springt aus dem Bett und holt Papas Zeitung.
Er raschelt mit der Zeitung – er raschelt noch einmal.
Tino horcht.
»Es hat zu knacksen aufgehört«, flüstert er. »Es fürchtet sich.« Er denkt eine Weile nach, dann muss er gähnen, ganz laut und kräftig gähnen. »He«, sagt er, »es ist doch kein Grund, sich zu fürchten, nur weil es ein bisschen geraschelt hat …«

Tino hat sich's überlegt

Tino kauert vor der Lavendelhecke und schaut den Bienen zu. Die freuen sich, dass der Lavendel an manchen Stellen noch blüht. Das merkt Tino ganz deutlich an dem fröhlichen Gesumm. Aus dem silbergrauen Blattgestrüpp ragen einzelne Stengel mit zarten bläulich-lila Blüten. Sie schwanken unter dem Ansturm der Bienen.

Hinter dem Lavendel duften Opas Rosen. Auch sie sind zu einer Hecke zusammengewachsen. Aber in der Mitte hält ein breiter Rankbogen den Durchgang zum anderen Teil des Gartens frei. Eine rote Kletterrose hat das grüne, eiserne Gestell so dicht überwuchert, dass es unter Blättern und Blüten verschwunden ist.

Tino hört Schritte unter dem Rosenbogen. Er hebt den Kopf. Da steht Tina und ruft: »Nachzügler! Nachzügler!«

»Meinst du mich?«, fragt Tino erstaunt. »Und was ist das, ein Nachzügler?«

»Hihi, was weiß ich … Eine unnötige Überraschung«, sagt Tina und rennt kichernd davon.

Tino geht ins Haus. Soll er den Opa fragen? Er horcht an der weißen Tür. Er hört ein tiefes Rasseln und Schnarchen. Der Opa hält sein Nachmittagsschläfchen, und die Oma ist um diese Zeit noch im Büro. Tino steigt die Treppe ins erste Stockwerk hinauf. »Mama?«

Niemand antwortet. Wahrscheinlich ist die Mama schnell noch was einkaufen gegangen. Tino steigt weiter ins Dachgeschoss hinauf, zum Zimmer seines großen Bruders.

»Jonathan?«

»Ja!«

»Jonathan, schnell! Was ist ein Nachzügler?«

Jonathan sitzt vor dem Computer. Er wendet die Augen nicht vom Bildschirm und lässt die Computermaus nicht aus der Hand. Aber er antwortet. Er sagt: »Ein Nachzügler kommt später als alle anderen. Der große Zug, zum Beispiel ein Vogelzug, ist schon auf der Reise nach dem Süden. Ein Storch fliegt ihnen noch hinterdrein, als Nachzügler.«

»Aha«, sagt Tino. »Und der ist dann im Süden eine unnötige Überraschung?«

Der Drehsessel bekommt einen Schubs, Jonathan schaut Tino an. »Eine freudige Überraschung, wenn du mich fragst. Toll, noch einer, der's geschafft hat ... Warum willst du das wissen?«

»Weil mich die Tina...«

»Aha«, sagt Jonathan. »Kinder, die viele Jahre später als ihre Geschwister auf die Welt kommen, nennt man in manchen Familien auch Nachzügler. Oder Nesthäkchen, weil sie noch im Nest hocken, wenn die Älteren längst ausgeflogen sind.«

»Ist das schlimm, dass ich ein Nachzügler bin?«

»Für mich nicht«, sagt Jonathan und lacht. »Und für

die Mama und den Papa und die Oma und den Opa auch nicht. Nicht einmal schlimm für unsere liebe Kusine. Wen hätte Tina denn sonst zum Ärgern, wenn es dich nicht gäbe?«

Tino zuckt die Schultern.

»Schau«, sagt Jonathan. »Ich glaube, es war so. Bevor du auf die Welt gekommen bist, hast du herumgeguckt und überlegt, in welche Familie du willst. Hoppla, hast du gesagt, die in der Fliedergasse Nummer fünf, die wäre nicht so schlecht, die nehme ich. Diese Eltern haben am Jonathan schon geübt, was man beim Kindererziehen gut macht und was man besser weglässt.«

»Daran kann ich mich nicht erinnern«, sagt Tino.

»Macht nichts«, sagt Jonathan. »Aber ich stelle mir vor, dass du dir das gedacht hast, bevor du in Mamas Bauch gewachsen bist.«

»Aha«, sagt Tino und läuft in den Garten zurück. Er legt sich ins Gras vor die Lavendelhecke. »He, ihr seid auch Nachzügler«, sagt er zu den Blüten. »Das ist aber nicht so schlimm. Für die Bienen ist es ein Glück. Hört ihr?«

Tino und der Vollmond

Tino zieht sich eine warme Jacke an. Er geht in den abenddunklen Garten. Der runde gelbe Mond steigt über das Dach. Tino hockt sich auf die Fersen und schlingt die Arme um den Leib. Ganz klein macht er sich. So schaut er hinauf zum Vollmond.

»Mmmm«, seufzt Tino. »So appetitlich bist du. So saftig. Und wie fein du riechst. Irgendeiner hat ein paar Löcher in dich hineingefressen, aber du reichst noch für hundert Abendessen.«

Unter dem Rosenbogen taucht ein flinker Schatten auf. Tinas Stimme fragt: »Spinnst du, Tino? Mit wem redest du?«
»Mit dem Mond«, sagt Tino. »Ich bin gerade ein Mäuserich, der den Mond für eine Käsekugel hält.«
»Eine verrückte Idee von dir.«
»Nicht von mir«, sagt Tino. »Vom Mäuserich.«

Tino und das Moos

Unter den Fliederbüschen liegen ein paar große Steine. Die hat der Opa von Wanderungen mitgebracht. Gemeinsam mit dem Papa hat er sie aus dem Auto gehoben und hierher gerollt. Opa weiß von jedem Stein, wo und wann er ihn gefunden hat.
Tino streicht mit der Hand über die Steine. Jeder hat ein anderes Gesicht, glatt oder rau, kühl oder warm, je nachdem, wie fest er die Sonne in sich gespeichert hat. Auf manchen Steinen wachsen blaugraue Flechten. Auf anderen wächst Moos.
Tinos Fingerspitze fährt über das Moos. Wie weich und frisch es sich anfühlt! Und wie viele Arten von Grün es haben kann, wie viele Arten von runden und gefiederten Blättchen!
Tino setzt sich neben die Steine. Ganz still sitzt er da in der blassen Sonne, reglos, stumm und schwer. Und er spürt, dass er immer schwerer wird. Felsbrockenschwer. Aber die Erde ist stark. Sie kann ihn tragen.
Der Fliederstrauch regnet braune Herbstfliederblätter auf ihn und die Steine herab. Eine kleine Spinne krabbelt über sein Bein, aber das stört Tino nicht. Blätter und Spinnen können Steine nicht stören. Eine Amsel hüpft ganz nahe heran. Sie hat keine Angst vor Steinen …
Die Sonne ist hinter dem Nachbarhaus untergegangen, der Wind weht kühl.

»Tino!«, ruft Mamas Stimme. »Tino, wo steckst du denn!?«
Mit steifen Gliedern krabbelt Tino hoch. Er reibt sich die Arme und die Beine. Er muss gähnen, immer wieder.
»Ja, sag du mir …«, jammert die Mama. »Ich habe dich seit einer Stunde gesucht, auch im Garten. Und dich nirgends entdeckt.«
»Klar«, sagt Tino.
Er geht ins Haus, zum großen Spiegel im Flur. Er dreht das Licht an. Strahlend hell beleuchten die Wandlampen sein Gesicht. Tino streicht mit den Fingern über Stirn und Wangen.
»Ist da was?«, fragt die Mama besorgt.
»Nein«, sagt Tino. »Ich hab nur gedacht, da ist vielleicht ein bisschen Moos gewachsen …«

Tino weiß, was Tina mag

»Ab heute«, sagt Tina, »heiße ich Kristina!«
»Warum?«, fragt Tino.
»Weil ich groß bin«, sagt Tina. »Und weil ich nicht so ähnlich heißen mag wie dumme, kleine Jungen!«
Stumm wendet Tino sich ab. Er geht über den Kiesweg zwischen den Gemüsebeeten. Er hört, wie der Kies unter seinen Schuhen knirscht. Laut und zornig knirscht er. Tino tritt leichter auf. Nun knirscht der Kies leiser. Tino schleicht wie ein scheues Tier. Jetzt wispert der Kies nur noch. Aber Tino kann noch viel behutsamer auftreten, beinahe lautlos.
»Hörst du, Tina«, ruft er. »Da geht ein Gespenst über den Kies.«
Hinter der Rosenhecke bleibt es still. Tino hüpft ins Gras und schlägt drei Purzelbäume hintereinander. »Tina, das schaffst du nie …«
Hinter den Rosenbüschen raschelt es, aber kein Ton dringt herüber.
Tino spaziert zu den Himbeerbüschen. Er wartet eine Weile, dann sagt er: »He, Tina, die aller-, allerletzte Himbeere!«
»Lass sie mir!«, schreit Tina und rennt herüber.
Tino hält ihr auf der flachen Hand die Himbeere entgegen. »Oh, wie groß!«, sagt Tina und steckt die Himbeere in den Mund. »Und so süß!«

Tino schaut ihr zu, wie sie mit der Zunge über die Lippen leckt. »Jetzt hast du doch auf Tina gehört …«
»Das war eine Ausnahme«, sagt Tina.

Tino und der Erntedank

Im Kindergarten wird ein Erntedankfest geplant. Rita, die Betreuerin der Kinder, schmückt den Gruppenraum mit Girlanden aus feuerroten Ahornblättern. »Jeder von euch soll morgen etwas mitbringen, das er geerntet hat. Wir legen die Mitbringsel in eine große Schüssel in die Mitte, setzen uns im Kreis herum und sagen: Guter Gott, all das sind deine Gaben. Wir danken dir dafür. Du hast uns Menschen die Kraft und den Verstand gegeben, mit dir mitzuarbeiten. Wir säen und ernten, wir rackern uns ab und haben Freude am Erfolg. Danke auch dafür.«

Am nächsten Tag bringen die Kinder Brot, Gemüse und Obst. Tina bringt ein Säckchen ausgelöste Haselnüsse. Nur Tino legt ein beschriebenes Blatt Papier in die Schüssel. »Das ist von mir. Ich hab's dem Jonathan in den Computer diktiert.«
Rita liest vor:
»Müsli aus Birnen und Nüssen,
Salat aus Bohnen und Ei,
und ein Gedicht aus Gedanken,
das ist auch dabei ...«
Tina kichert. »He, Tino, wo erntet man so ein Zeugs?«
»Oben im Kopf«, sagt Tino und deutet auf seine Stirn. »Und es war genauso viel Plackerei wie Haselnüsse aus den Schalen kitzeln.«

Tino und die Hagebutten

Tino war mit dem Opa in den Auen am Fluss. Dort wachsen Heckenrosen, die im Herbst über und über mit roten Hagebutten bedeckt sind.
»Pflücken wir sie als Geschenk für die Oma«, hat Tino vorgeschlagen. »Damit sie Tee daraus macht.«
»Das ist sehr viel Arbeit«, hat der Opa gemeint. »Man muss jede Hagebutte entzwei schneiden und die Kerne herausklauben.«
»Dann weiß ich was anderes«, hat Tino gesagt und jede Hagebutte so gepflückt, dass noch ein kurzes Stück Stiel übrig ist.
Zu Hause bittet er den Opa: »Schneid mir ein großes Herz aus Pappendeckel und umwickle es mit Folie!«
Das tut der Opa. »Und jetzt?«
»Jetzt brauchen wir Moos!«
Tino sammelt die Moospolster von den Beinen der steinernen Gartenbank, der Opa sammelt die Moospolster vom Wellblechdach des Geräteschuppens. Tino verteilt das Moos auf der Herzunterlage, dicht an dicht Pölsterchen neben Pölsterchen. Dann steckt er die Hagebutten in das Moos. Ein leuchtend rotes Früchteherz wird das! Tino rahmt es noch hübsch ein mit einer leuchtend grünen Moosbordüre.
»Hast du jemals ein so schönes Geschenk gesehen, Opa?«

Nein, das hat der Opa in seinem ganzen Leben noch nie.
Die Oma legt das Hagebuttenherz als Schmuck auf den Kaffeetisch. »Jetzt freu zuerst ich mich«, sagt sie. »Später dann, im Winter, freuen sich die Amseln, wenn ich ihnen das Herz auf die Terrasse lege.«
»Dreimal Freude«, sagt Tino zufrieden.
»Wieso dreimal? Zweimal! Erst die Oma, dann die Amseln. Lern rechnen, du Zwerg«, zischt Tina.
»Dreimal«, sagt Tino. »Ich hab mich schon beim Vorbereiten gefreut.«

Tino und die Schachtelstadt

Tino und Franziska kleben Buntpapier auf Zündholzschachteln.
Sie bauen eine Stadt aus Zündholzschachtelhäusern.
Die Häuser stehen genau in Reihen, und vor jedem Haus wächst ein Korkenbaum mit rosagetupfter Wattekrone, ein Blütenbaum.
Tino legt seinen blauen Schal als Fluss um die Stadt. In dem Fluss schwimmen kleine Schwäne aus Papier.
»Schön, nicht?«, sagt Tino.
»Toll«, sagt Franziska. »Aber jetzt geh ich Puppen frisieren.« Sie verschwindet in der Puppenecke. Tino sitzt allein vor der Schachtelstadt.
Seine Hand spaziert den Fluss entlang, spaziert mit Zeige- und Mittelfinger eins-zwei, eins-zwei.
»Tina, komm, schau!«, ruft Tino. »Schau, was wir gebaut haben!«
»Soll das etwas Besonderes sein?«, fragt Tina.
»Eine ganze Stadt«, sagt Tino. »Willst du nicht mit mir Stadt spielen?«
»Ich habe keine Lust«, sagt Tina. »Stadt spielen ist blöd.«
Tino kränkt sich.
Tino ärgert sich.
Tino wird furchtbar zornig.
Er nimmt den Schal und fegt die Papierschwäne nach

allen Seiten. Er zertritt die Zündholzschachtelhäuser. Er zerstampft die Watteblütenbäume.
Tina kommt gelaufen. »Was machst du da?«, fragt sie. »Spielst du Erdbeben? Darf ich mitspielen?«
Tino schüttelt den Kopf.
Franziska kommt von der Puppenecke herüber. »Oh, Tino! Warum hast du das getan?«
»Weiß ich nicht«, murmelt Tino.

Tino und der Rosenbogen

Tino setzt sich dem Opa auf die Knie.
»Du, Opa«, sagt er. »Alle Leute in dieser Gasse haben einen Gitterzaun um ihren Garten. Der Herr Moser hat einen Lattenzaun. Der alte Lederer hat sogar eine Mauer. Könntest du nicht statt der Rosenhecke einen Gitterzaun machen?«
»Ich könnte«, sagt der Opa. »Aber warum sollte ich das?«
Tino wetzt auf den Opaknien hin und her. »Wenn da ein richtiger Zaun wäre zum drüberen Garten vom Großonkel Hubert ... und kein offener Rosenbogen, dann ... dann wäre mehr Frieden im herüberen Garten.«
»Ach so?«, brummt der Opa.
»Die Tina«, stottert Tino, »die... könnte dann nicht jeden Augenblick herüber schlüpfen und jemanden ärgern.«
»Richtig, das könnte sie nicht«, sagt der Opa. »Sie müsste einen Umweg machen und beim Haustor Fliedergasse Nummer fünf läuten.«
»Das würde sie aber nicht«, sagt Tino. »Es wäre ihr zu umständlich, weißt du.« Er bohrt seine Stirn in Opas Brust. »Baust du bitte einen Gitterzaun?«
»Nein«, sagt der Opa. »Es war da schon einmal ein Gitterzaun, vor vielen Jahren, lange vor deiner Geburt.

Den haben dein Großonkel und ich nach endlosem Hin und Her und Krach und Gezänk endlich weggerissen. Wir haben an der Grenzlinie die Rosenbüsche gepflanzt, und die Uroma hat uns den Rankbogen geschenkt. Und alle haben gesagt: Für die Kinder ist es schöner so, der Garten wird doppelt so groß. – Es war auch für uns Erwachsene schöner, mit dem Rosenbogen statt des hässlichen Gitters.«
Der Opa streckt und dehnt sich, so dass Tino den Kopf heben muss.
»Ich hab eine Bitte an euch Kinder«, sagt der Opa. »Dass ihr dort nie mehr einen Zaun hinstellt. Kommt ohne Zaun zurecht. Und wenn ihr unbedingt streiten müsst, streitet so, dass man sich nachher immer noch durch den Rosenbogen traut.«
Tino sagt nicht ja und nicht nein. Er rutscht von Opas Knien und geht zum Fenster. Wenn er sich auf die Zehenspitzen stellt, kann er den Rosenbogen sehen.
Er seufzt. »Aber Grenzlinien gibt es?«
»Natürlich, Tino. Auch zwischen dem Großonkel Hubert und mir. Auch zwischen der Tina und dir. Das ist nur gerecht. Man sieht sie nicht, man weiß sie.«
»Die dumme Tina, die weiß sie nicht.«
»Noch nicht. Bring sie ihr bei, auf friedliche Weise.«
Tino schluckt. »Gar keine Grenze wäre mir lieber«, sagt er. »Aber nur, wenn die Tina nett ist.«

Tino und der Nachbargarten

Tino hält sich die Ohren zu. Er kann den Lärm nicht leiden, den der Großonkel mit seinem Häcksler macht. Die Messer des Häckslers werden von einem Benzinmotor angetrieben und schnippeln die Äste klein, die Onkel Hubert von den Bäumen geschnitten hat. Das gehäckselte Holz kommt mit dem Herbstlaub auf den Komposthaufen. Dort verrottet alles und wird langsam, langsam zu fruchtbarer Erde.
Onkel Hubert hat sich gut gerüstet für die Arbeit mit dem Häcksler. Er trägt eine Schutzbrille, damit ihm kein Holzsplitter in die Augen springt, und dicke Ohrenschützer gegen den Lärm. Dass Tino »Krawallonkel« brüllt, kann Onkel Hubert nicht hören.
Tino geht die Brombeerstauden entlang. Er stellt sich die Grenzlinie vor, die hier verläuft, die Grenzlinie zwischen dem Opa-Onkel-Hubert-Garten auf der einen Seite und dem Mosergarten auf der anderen Seite. Der Nachbar hat Sträucher als Grenzstreifen gesetzt. Außerdem steht da noch sein alter, wackeliger Lattenzaun. Manche Latten hängen lose an den Querhölzern. Für Tino gibt es eine große Lücke zum Durchschlüpfen.
»Die lasse ich, die Lücke«, hat der Nachbar gesagt. »Für dich, Tino, für die Igel und überhaupt.«
Der Nachbar hat eine Enkelin, die wegen ihrer gelähmten Beine im Rollstuhl sitzt. Sie heißt Susanna und ist

ein paar Jahre älter als Tino. Sie kann gut vorlesen und basteln. Darum besucht Tino sie gern. Außerdem gefällt ihm der Nachbargarten. Hier gibt es im Sommer eine richtige Wiese mit Klatschmohn und Glockenblumen, Margeriten und Salbei.

»Hallo, Tino«, sagt der Nachbar. »Flüchtest du vor dem Häcksler-Lärm?«

Tino nickt. »Hier hört man ihn nicht so arg...«

Der Nachbar kehrt Laub zusammen und schaufelt es unter die Holunderbüsche. Auch er hat seine Obstbäume beschnitten. Die abgeschnittenen Äste liegen in einer Gartenecke aufgehäuft.

»Soll ich Ihnen helfen?«, fragt Tino. »Ich trage die Äste zum Onkel hinüber, damit sie hier nicht so rumliegen.«

»Ja nicht!«, ruft Susanna vom Rollstuhl her. »Das wird unsere Igelburg.«

Der Nachbar trägt eine Gabel voll Laub zum Holzhaufen. Er schüttet das Laub über die Äste. »Solche Schlupfwinkel mögen die Igel für ihre Winterruhe«, sagt er zu Tino. »Und die Blätter, die ich unter die Büsche kehre, haben auch ihren Sinn. Sie düngen den Boden. Unter dem Laub überwintern Larven, Schnekken und Käfer, die von vielen Vögeln als Futter gebraucht werden. Außerdem – wenn wir Glück haben – kommt im nächsten Frühling unsere Nachtigall wieder. Sie baut ihr Nest auf der Erde im welken Laub.« Der Nachbar schaut Tino an. »Darum lasse ich meinen Garten so, wie er ist – unaufgeräumt. Ein Garten ist ja kein Wäscheschrank. Er braucht auch ein bisschen Wildnis …«

Nachdenklich schlüpft Tino durch die Zaunlücke in den Opa-Onkel-Hubert-Garten zurück. Der Motor hat ausgebrummt, Onkel Hubert nimmt die Ohrenschützer ab.

»Unser Garten hier«, sagt Tino zu ihm, »ist beinah so gut aufgeräumt wie ein Wäscheschrank.«

»Schön, nicht?«, sagt Onkel Hubert zufrieden.

Tino und die Neuigkeit

Tinas Eltern und Tina haben sich bei Oma und Opa zum Mittagessen angesagt. Tinas Mutter will der Oma eine Neuigkeit verraten. Auch Tino und seine Familie sind eingeladen.
Tino hilft der Oma beim Tisch decken. Das Fenster steht einen Spaltbreit offen. Tino hört den Kies knirschen, leicht und lustig, so: risch-risch-risch. So läuft nur Tina. Und da kommt sie schon über die Terrasse und zur Tür herein. »Wartet, ich lege die Servietten auf«, sagt sie.
Die Oma zeigt ihr, wie man Servietten zu Blüten faltet. »Ich bin schon gespannt auf die Neuigkeit«, murmelt sie. »Bist du eingeweiht, Tina?«
»Klar«, sagt Tina vergnügt. »Aber ich plaudere nicht!«
Die Oma wartet eine Weile, dann sagt sie: »Aber raten dürfen wir doch, der Tino und ich? Hat es was mit Arbeit zu tun?«
»Ich glaube schon«, sagt Tina und lacht.
»Uiuiui, gibt es eine berufliche Veränderung bei deiner Mama?«
Tina denkt nach. »Ich glaube nicht ...«
»Oder wollt ihr eine große Reise machen?«
»Nein«, sagt Tina sehr bestimmt.
»Baut ihr den Dachboden aus?«, fragt Tino.
»Erst, wenn ich groß bin«, sagt Tina.

Die Oma seufzt. »Wenn du mir nur einen ganz kleinen Hinweis, einen winzigen Tipp geben könntest …«
Tina überlegt. Dann beugt sie sich vor und flüstert: »Es ist was im Bauch.«
»Oh«, sagt die Oma, und sie sieht auf einmal sehr beruhigt und fröhlich aus.
In Tinos Kopf tickt und tukkert etwas. Ganz nahe ist er dem Geheimnis schon. Er guckt die Oma an. »Hast du's nun erraten?«
»Aber wo!«, ruft die Oma, denn da kommen gerade Tinas Eltern herein, und Tinos Eltern und der Opa, und Jonathan poltert die Treppe herunter.
Die Oma stellt den Suppentopf auf den Tisch. »Guten, guten Appetit!«
»Moment«, sagt Tinas Mutter. »Zuerst die Neuigkeit. Ich bekomme wieder ein Kind! Im Frühling, wenn die Pfingstrosen blühen!«
»Ich bin total überrascht«, sagt die Oma. »Und sehr, sehr glücklich.«
Tino freut sich. »Noch ein Nachzügler«, flüstert er Jonathan zu.

Tino und die Martinslaterne

Tino fragt seinen Papa: »Hilfst du mir bei der Martinslaterne?«
»Baut ihr die nicht im Kindergarten?«, fragt der Papa.
»Nur das Gestell«, sagt Tino. »Die Fensterbilder sollen wir zu Hause machen.«
»Aha«, brummt der Papa. »Ich glaube, bei Fensterbildern ist die Mama besser als ich.«
»Die Mama ist noch im Programmierkurs«, sagt Tino.
Der Papa dreht den Fernsehapparat ein bisschen leiser und setzt sich zu Tino an den Tisch. »Was soll's werden? Sterne und Mond?«
Tino schüttelt den Kopf. »Jedes Jahr Sterne ist langweilig. Machen wir den Martin auf dem Pferd?«
»Pferd? Pferd kann ich nicht«, sagt der Vater entsetzt. »Aber vielleicht den Mantel, den Martin mit seinem Schwert entzwei geschnitten hat. Du kennst doch die Geschichte? Martin hat dem Bettler die Hälfte von seinem Soldatenmantel gegeben. Das war so ein großer Umhang, weißt du, den könnte ich ganz leicht ...« Er zeichnet zwei Mantelhälften an den Rand der Fernsehzeitschrift.
Tino stöhnt. »Das würde dir als Fensterbild gefallen, Papa?«
»Nein. Hast Recht. Aber was dann?«
»Die Rita hat uns vom heiligen Martin erzählt«, sagt

Tino. »Wie er Soldat war, hat er einen Diener gehabt. Das war damals so bei den O … Offi …«
»Bei den Offizieren«, sagt der Papa. »Die haben sich bedienen lassen.«
»Ja, aber der Martin nicht. Er hat sich mit dem Diener alle Arbeit geteilt, Kochen, Aufräumen, Stiefel putzen. Wenn der Diener gekocht hat, hat Martin zwei Paar Stiefel geputzt!«
»Klingt gut«, ruft Mamas Stimme aus dem Vorzimmer. Und nun steckt die Mama den Kopf zur Tür herein. Ihr Regenmantel glänzt vor Nässe. »Ein Heiliger, der seinem Burschen die Stiefel putzt. Und wäscht und kocht und den Müll zur Mülltonne trägt …«
Der Papa runzelt die Stirn. »Ich hab heute früh den Müll hinunter getragen!«
»Ich sag ja nichts«, sagt die Mama. »Habt ihr schon was zu Abend gegessen, ihr zwei? Nein? Dann sause ich in die Küche.«
Tino drückt dem Papa eine Schere in die Hand. »Machen wir vier Stiefel und einen Kochtopf und einen Kochlöffel und einen Besen und …«
Papa zeichnet mit weißem Stift die Muster auf den schwarzen Karton und schneidet vorsichtig alles rundherum weg, was nicht zu den Stiefeln und den Küchengeräten gehört.
Tino klebt gelbes Seidenpapier hinter die Laternenfenster. Er hält die Fensterbilder gegen die Lampe. »Toll, was?«

»Nicht schlecht, geb ich zu«, sagt der Papa und schraubt den Kleber sorgfältig zu. Dann holt er den Besen, um die schwarzen Papierschnipsel vom Teppich zu kehren. Im Zimmer nebenan sieht er Mamas nasse Stiefel stehen. »Bist du durch den Fluss gewatet?«, ruft er in die Küche.
»Nein, nur durch die Fliedergasse, aber das mit meinen Lieblingsstiefeln«, seufzt die Mama.
Der Papa stopft die Stiefel mit Zeitungspapier aus. »Ärger dich nicht. Wenn sie trocken sind, kann ich sie putzen, dass sie aussehen wie neu.«

Tino und das Martinsfest

Tino steht am Fenster, mit einem Pullover über dem Pyjama und einem dicken Wickel um den Hals. Er schaut auf die dunkle Gasse hinunter und schimpft. »Blödes Fieber! Blödes Halsweh! Und meine schöne Laterne hängt ganz allein irgendwo im Kindergarten rum!«

»Ein Kind mit Fieber gehört ins Bett!«, sagt die Mama.

»Lass ihn ein bisschen da stehen«, sagt Jonathan. »Vielleicht machen sie einen Umweg und kommen durch unsere Gasse.«

Aber so sehnsüchtig Tino auch wartet, kein Martinszug zeigt sich, kein Laternengefunkel. Kein Kindergetrappel lässt sich vernehmen, nicht einmal ein paar versprengte Töne von einem Martinslied.

»Sie nehmen den gewohnten Weg«, sagt die Mama.

Tino weint.

»Mach die Augen zu«, sagt Jonathan. »Stell dir zum Trost selber alles vor, nur noch viel schöner: das Martinsspiel, das Feuer im Park, die Laternen, wie sie hin und her schwanken, und wie die Martinsbrote verteilt werden.«

»Und ich krieg keins«, sagt Tino und weint noch viel stärker.

Da sieht er zwei Lichter durch die Finsternis wackeln. Sie kommen näher und näher, zwei Martinslaternen

sind es, eine mit Mond und Sternen, die andere mit Kochtopf und Stiefeln. Dahinter marschiert ein kleiner Schatten mit Zipfelmütze. »Die Tina! Lass sie rein, Jonathan!«

Tina streckt Tino die Tino-Laterne und einen Martinswecken entgegen.

»Du bist mit zwei Laternen gegangen …«, sagt Tino.

»Klar«, sagt Tina. »Aber nur bis zum Park. Dort ist die Gül gestanden, mit ihren Eltern, und hat uns zugeschaut. Komm mit, hab ich gerufen, du kannst die Laterne vom Tino tragen. Das wollte ihr Vater aber nicht erlauben. Es ist doch ein Christenfest, hat er mir gesagt, da passen wir nicht dazu. Da hat ihre Mutter gesagt: Eine Laterne mit Kochtopf und Kochlöffel wird unsere Gül wohl ein Stück tragen dürfen, für den kranken Tino … Und so ist die Gül mitgegangen.«

Tino schaut auf das Brot in seiner Hand. »Dann hätte sie auch den Weckmann kriegen sollen …«

»Hat sie!«, sagt Tina und lacht. »Wie jedes Kind beim Feuer. Der da ist meiner. Den schenk ich dir, damit du nicht ganz so traurig bist.«

Tino tut der Garten Leid

Tino schaut in den Garten hinaus.
Der Garten ist novembernebelgrau.
Der Garten ist regentropfengrau.
Der Garten ist graugrau, und das ist das allertraurigste Grau.
Die Bäume sind kahl.
Die Sträucher sind kahl.
Die Wege sind leergefegt.
Nicht der kleinste Farbtupfen ist im Garten zu sehen.
Armer Garten, denkt Tino.
Er setzt seine rote Mütze auf.
Er rennt in den Garten hinaus.
Er rennt über die leergefegten Wege, er springt über die Beete.
Er läuft dreimal um jeden Baum.
Die Regentropfen schlagen ihm ins Gesicht.
Seine Mütze wird nass.
Sein Pullover wird nass.
Tino wird von oben bis unten nass.
Aber der Garten hat jetzt einen feuerroten Mützenfarbklecks.

Tino findet einen Bilderrahmen

Tino darf bei Großonkel Hubert auf dem Dachboden stöbern.
Dort findet er einen Bilderrahmen ohne Bild.
Er stellt sich vor einen Spiegel.
Er hält den Bilderrahmen vor sein Gesicht.
»Meine Damen und Herren«, sagt Tino. »Ich begrüße Sie bei der Sendung: Tinos Tier-, Blumen- und Menschenzoo.«
Und dann spielt Tino Tiere, Blumen und Menschen.
Er schneidet Gesichter wie ein Affe.
Er holt tief Luft und quakt wie ein Frosch.
Er dreht den Kopf wie eine Sonnenblume.
Er nickt wie ein Vergissmeinnicht am Bach.
Er lacht tief und gluckernd wie Frau Murbach.
Er schnarcht wie ein Großvater.
»Tino!«, ruft Tina. »Schnell, gleich beginnt das Fernsehen!«
»Lass mich«, sagt Tino. »Für sowas hab ich heute keine Zeit!«

Tino schaut weg

Tino sieht den alten Mann vom Neunerhaus über die Straße gehen. Der Mann stützt sich auf Krücken und schleift die Beine nach. Die Beine sind steif wie bei Tinos hölzernem Kasperl.
Der Mann geht ganz langsam. Manchmal bleibt er stehen und atmet tief. Sein Kopf steckt zwischen den Schultern, sein Gesicht ist vor Anstrengung rot.
Tino schaut weg.
Er kann nicht mit anschauen, wie schwer dem Mann das Gehen fällt.

Tino sieht einen Spatzen auf dem Fensterbrett hocken. Draußen weht der Herbstwind. Der Spatz plustert sich auf. Er ist eine Federkugel, die in der Kälte bebt.
Tino schaut weg.
Er kann nicht mit anschauen, wie der Spatz sich gegen den kalten Wind wehrt.

Dauernd muss ich wegschauen, denkt Tino. Wenn ich immer wegschauen muss, werde ich schwindlig. Überall geschehen traurige Dinge. Ich kann gar nicht schnell genug wegschauen.
Tino macht die Augen zu.
Im Dunkeln fällt ihm etwas ein.

Wenn er den alten Mann wieder vorüberhumpeln sieht, wird er fragen: »Tut es sehr weh?«
Wenn er den Spatzen auf dem Fensterbrett sieht, wird er ihm ein paar Brösel hinstreuen. Denn Essen im Bauch hält warm.

Tino hat Hunger

Tino hat so ein seltsames, leeres Gefühl in der Brust.
Er geht zur Oma in die Küche.
Er bittet um ein Speckbrot mit sehr viel Speck.
Er bittet um ein Stück Nusskuchen.
Und um Schokoladejogurt bittet er auch.
»Hast du aber einen Riesenhunger!«, sagt die Oma.
Tino isst das Speckbrot und das Kuchenstück. Er löffelt den Becher aus.
»Es geht mir schon besser«, sagt er. »Aber so richtig satt bin ich noch nicht.«
Er klettert der Oma auf den Schoß und legt den Kopf an ihre Brust.
Die Oma streichelt über Tinos Haar. Sie streichelt über seine Wangen. Sie streichelt seinen Hals. »Alles wieder in Ordnung?«, fragt sie.
»Beinahe«, sagt er. »Bis auf dieses komische Loch da drinnen in mir.«
Er geht in sein Zimmer hinauf. Er baut sich ein Polsternest.
»Lieber Gott«, sagt er. »Stell dir vor: Ich bin noch immer nicht satt. Es grummelt und brummelt in meinem Bauch. Hilfst du mir?«
Er wartet, ob der liebe Gott etwas tut für ihn, aber nichts geschieht, gar nichts.
Tina fällt ihm ein. Ob sie noch immer böse auf ihn ist,

weil er im Kindergarten dieses Lied gesungen hat? »Kristina, fahr nach China«, hat er gesungen. »Bleib dort bis März und Mai! Und wie es dir in China geht, das ist mir einerlei!« Dem Max hat das Lied Spaß gemacht, er hat gleich mitgesungen, und Tina hat geweint.
Tino klettert aus dem Polsternest.
Er knipst die Lampe an.
Er breitet Zeichenpapier auf dem Tisch aus.
Er zeichnet ein Schiff, das über ein großes Meer fährt. Auf dem Schiff steht Tina mit einem Chinesenhut und lacht, und am Ufer warten Tino, Max und alle anderen. Es wird ein schönes, buntes Bild.
Tino läuft die Treppe hinunter zum Telefon. Er ruft Tina an. »Weißt du, was ich gerade gezeichnet hab? Wie du auf einem Schiff aus China zurückkommst, und wir alle freuen uns. Soll ich dir die Zeichnung morgen mitbringen?«
»Bring sie mit!«, sagt Tina. »Aber zeichne noch einen Pandabären dazu, den sie mir in China geschenkt haben!«
Tino verspricht es. Den Pandabären wird er am nächsten Morgen in aller Früh dazu zeichnen. Heute mag er gar nichts mehr tun. Nicht einmal mit den Eltern und Jonathan zu Abend essen. Er ist rundum satt. Kein Wunder, bei all den guten Sachen, die er gegessen hat.

Tino und das Regenwetter

Tino steht am Fenster und schaut den Regentropfen zu. Der Wind treibt sie schräg vor sich her. Wenn sie auf die Scheiben prallen, platzen sie und rinnen in kleinen Bächen das Glas hinunter.
»Gemeines Wetter! Blöde Regentropfen!«, schimpft Tino. »Warum seid ihr keine Schneeflocken geworden? Ich will rodeln! Ich will einen Schneemann bauen! Ich will tausend Schneebälle machen und der Tina nachwerfen …«
Immer mehr und immer größere Tropfen landen auf den Fensterscheiben.
Sie kullern langsam und schwer herab, bis sie ein Bächlein finden und schneller fließen. Sie kullern wie Tränen. Tino erschrickt. »Nicht weinen!«, flüstert er. »Ich geb ja schon Ruh.«

Tino und der Winteranfang

»Hörst du? Es ist Winter geworden«, sagt Tino zu Jonathan.
»Noch nicht«, sagt Jonathan. »Der Winter beginnt erst am 21. Dezember.«
»Bei dir vielleicht, in deinem Computer«, brummt Tino. »Aber im Garten hat der Winter angefangen.«
»Oh, schneit es?«, fragt Jonathan und dreht sich weg vom Bildschirm und zum Fenster hinüber. »Nein. Also, ich seh keinen Winter.«
»Hören, hören kannst du ihn«, sagt Tino.
Jonathan horcht. Draußen im Garten schlägt es mit starken Flügeln. Es krächzt und knarrt. Es zetert, schwatzt, gluckst und kollert.
»Die Saatkrähen sind eingeflogen?«, fragt Jonathan. »Die sind aber früh dran in diesem Jahr.«
»Ja«, sagt Tino vom Fenster her. »Unser Ahornbaum ist jetzt ein Krähenbaum. Alle Äste sind rabenschwarz vor Krähen.«
»Nur schwarz? Schau genauer«, sagt Jonathan.
Tino schaut genauer. »Wenn sie die Flügel ausbreiten – schwarz-grau mit blauem Schimmer. Und manchmal glänzt ein bisschen Rot dabei.«
»Purpur heißt diese Farbe«, sagt Jonathan. »In der Sonne schimmern Krähenflügel wie Purpur. Früher durften bei den Menschen nur ganz vornehme Leute

Kleider in dieser Farbe tragen, Kaiser und Könige, die mit den goldenen Kronen auf dem Kopf. Die Mächtigen, weißt du, denen alles Land und alle Schätze gehört haben.«
Tino schaut zu den Krähen hinunter. Manche von ihnen spazieren mit wippenden Schritten bedächtig über die Wiese. Sie haben starke Füße und kräftige Schnäbel. »Winterkönige«, murmelt Tino. In Gedanken malt er jeder Krähe eine sonnengoldne Zackenkrone.

Tino und der Adventskranz

Tino richtet Schmuck für den Adventskranz her: Kerzen und violette Bänder, Föhrenzapfen und Nüsse. Er tupft den Pinsel in goldene Farbe. Er malt goldene Punkte auf die Föhrenschuppen und goldene Streifen auf die Nüsse.

»Was heißt Advent?«, fragt er die Oma.

»Advent heißt Ankunft«, erklärt die Oma. »Ankommen.«

»Wer kommt wo an?«, fragt Tino.

»Gott kommt bei den Menschen an«, sagt die Oma, »und die Menschen kommen bei Gott an.«

»Und vorher muss jeder zum andern gehen?«

»Ja, sonst kann er nicht ankommen«, sagt die Oma. »Man muss sich in Bewegung setzen. Manche Leute meinen, dass Advent Warten bedeutet. Weil man auf Weihnachten wartet, und weil Maria und Josef auf die Geburt des Jesuskindes gewartet haben – so wie jetzt Tina und ihre Eltern auf das Baby warten. Aber Advent heißt nicht Warten und Nichtstun. Im Advent geschieht sehr viel. Das Kind im Bauch der Mutter wächst und bewegt sich und strampelt mit seinen winzigen Beinen. Die Eltern wachsen innerlich mit, sie müssen ihr Herz weiter machen und sich auf einen neuen Menschen vorbereiten. Und wir Christen glauben, dass Gott in dem Kind Jesus Mensch geworden

ist. Gott hat sich also zu den Menschen auf den Weg gemacht. Die Hirten machen sich auf den Weg nach Betlehem. Die Weisen aus dem Morgenland laufen einem Stern nach und gehen dabei durch dick und dünn.«

»Und alle kommen bei der Krippe an«, sagt Tino. »Aber wozu ist der Adventskranz gut? Außer dass es gemütlich ist, wenn er duftet und die Kerzen brennen ...«

»Du meinst, beim Adventskranz bewegt sich nichts?«, fragt die Oma.

»Nein, da bewegt sich nichts«, sagt Tino.

»Dann guck einmal, wo er anfängt und wo er aufhört«, sagt die Oma. Sie streckt die Hand aus und fährt mit dem Zeigefinger über den Kranz, rundum, immer rundum. »Schau, er geht weiter und weiter und weiter, und wenn wir irgendwo stehenbleiben und denken, jetzt hört es auf, ist dort in Wirklichkeit ein neuer Anfang. Der Kranz sagt uns: Nur Mut, es geht weiter.«

Tino schaut zu, wie die Oma die Kerzen mit grünem Draht im Kranz feststeckt. Auch die Zapfen bekommen feine Drahtschlingen zum Befestigen. »Nicht nur wir Menschen kommen bei Gott an«, sagt die Oma. »Auch die Pflanzen und die Tiere, die ganze Schöpfung, alles, was Gott werden, sein und weiterwachsen lässt. Und die ganze Natur freut sich, dass Gott bei ihr ankommt.«

Tino denkt lange nach. Dann sagt er: »Oma, darf ich

den Kranz so schmücken, dass auch was von den Tieren dabei ist?«

»Wie willst du das machen?«, fragt die Oma.

Tino läuft in sein Zimmer. Er kramt im untersten Fach des Schranks. Hier, in der blauen Geheimschachtel, ist alles versteckt, was man im Lauf eines Jahres im Freien so sammeln kann: Glimmersteine, Schneckenhäuser, Vogelfedern, zart gemusterte Eierschalen, Hasenmist.

Tino kommt mit zwei weißen Schneckenhäusern, einem Stückchen blaugrüner Eierschale und ein paar Federn zur Oma zurück. Die Federn sind himmelblau, die hat ein Eichelhäher aus seinen Flügeln verloren.

Vorsichtig steckt Tino die Federn und die Eierschale zwischen die Tannennadeln. Er malt goldene Tupfen auf die Schneckenhäuser, und die Oma klebt schmale Seidenbänder in die Öffnungen. So können auch die weißgoldenen Schneckenhäuser an die Zweige gebunden werden.

Tino holt tief Luft. »Ist der schön geworden!«, staunt er.

Tino und der Nikolaus

»Du bist der brave Tino«, sagt der Nikolaus.
»Nein«, sagt Tino. »Ich bin nicht brav.«
»Warum denn nicht?«, fragt der Nikolaus.
»Weil es nicht lustig ist«, sagt Tino.
»Was ist denn lustig?«, fragt der Nikolaus.
»Im Dreck herumhüpfen«, sagt Tino. »Sich nicht waschen. Türen zuknallen. Mit schmutzigen Schuhen bis in die Küche gehen. Laut schreien. Mit der Tina streiten. Alles herumliegen lassen. Schokolade statt Spinat essen. In der Früh lang im Bett bleiben und am Abend nicht schlafen gehen.«

»Das tust du alles?«, fragt der Nikolaus.
»Nein«, sagt Tino.
»Warum nicht?«, fragt der Nikolaus.
»Weil sie mich nicht lassen«, sagt Tino.
»Du bist wirklich arm«, sagt der Nikolaus. Und er schenkt Tino zum Trost einen roten Schokoladenstiefel.

Tino und das Theaterstück

Tino probt mit seinen Freunden ein Stück für Weihnachten. Die Geschichte von Josef und Maria, dem Wirt, den Engeln und den Hirten. Die Rollen muss man nicht auswendig lernen, die kennt man sowieso.

»Gib uns Herberge«, flehen Josef und Maria. »Hab Mitleid!« Doch der Wirt kratzt sich den Kopf. »Tut mir Leid. Alles besetzt.«

Tino spielt den Wirt, mit einem Polsterbauch unter dem Pullover und einer Schürze darüber. Bei manchen Proben sagt er nicht: »Tut mir Leid!«, sondern: »Schon wieder so ein Gesindel!«

Tina spielt die Mutter Maria – aber das Bitten und Flehen, das liegt ihr nicht. »Hab doch Mitleid!«, ruft sie, und es klingt, als rufe sie: »Krieg ich nun ein Zimmer oder nicht?!«

»Sanfter!«, bittet Tino. »Das musst du sanfter sagen. Komm, sei keine Spielverderberin! Probier's noch einmal!«

»Bei der Aufführung dann!«, murmelt Tina.

Und wirklich: Bei der Aufführung ist Tina-Maria wie verwandelt. Ihre Augen sind sanft und traurig, ihre Stimme ist sanft und traurig. »Lieber Wirt, hab ein Herz!«, fleht sie, und ihre Lippen zittern. »Schick uns nicht fort, erbarme dich!«

Tino bleibt vor Staunen die Sprache weg. Mit der Hand macht er eine einladende Bewegung dorthin, wo das Gasthaus steht.
»Ja«, sagt Tina-Maria schnell, »ich seh ja, alles voll. Aber weißt du sonst irgendwo ein Plätzchen für uns?«
Tino schweigt.
»Na, im Stall vielleicht?«, fragt Tina-Maria beschwörend.
»Nein!«, ruft Tino, der Wirt. »Ich weiß einen Ausweg! Zwei Häuser weiter, dritter Stock, Nummer 12. Bei meiner Uroma. Dort ist ein Zimmer frei.«
Maria und Josef wundern sich.
Das Publikum wundert sich.
»Die Uroma, die ist nicht so«, sagt Tino, »die gibt euch das Zimmer!«
Tina-Maria holt tief Luft und ächzt: »Drei Stockwerke, die schaff ich nicht mehr mit meinem Baby im Bauch. Josef, wir nehmen den Stall!«
Sie zieht Josef von der Bühne, die Hirten treten auf, schubsen Tino beiseite und winken den Engeln.
Hinter den Kulissen funkelt Tina mit Augen, die gar nicht mehr sanft sind.
»Du bist der Spielverderber!«, sagt sie zu Tino.

Tino und das leere Zimmer

Der Christbaum ist schon abgeräumt worden, Zuckerkringel und Schokoladenbonbons sind längst verspeist, Glaskugeln und Glocken in Schachteln verstaut. Papa sägt die stärksten Zweige ab und trägt die Baumteile hinunter in den Biomüll.

Aber die Weihnachtskrippe steht noch da, aus Rinden und Steinen gebaut, das Jesuskind liegt im Futtertrog, und Maria und Josef und Hirten und Schafe schauen es andächtig an. Unter den blühenden Kakteen kampieren die heiligen drei Könige mit ihren Kamelen.

Jeden Tag schiebt Tino die Figuren hin und her. Da plaudert Josef mit dem Mohrenkönig, da hilft die Hirtin der Maria beim Windelwaschen, da will das Jesuskind ein Schaf streicheln. Und ab und zu singen die Engel auch dem Hirtenhund was vor.

Am Abend des zweiten Februar zündet die Mama noch einmal eine Kerze vor der Krippe an.

Am nächsten Morgen in aller Früh ist der Krippenberg weggeräumt.

»Wieso denn!«, schreit Tino.

»Die Weihnachtszeit ist längst vorbei«, sagt die Mama. »Wir haben die Krippe ohnehin sehr lange gehabt, so lange, wie es früher einmal Brauch gewesen ist.«

»Aber das Zimmer ist so leer«, jammert Tino. Er setzt sich auf den Fußboden, dorthin, wo er in den letzten

Wochen immer vor der Krippe gesessen hat, und starrt ins Leere.

»Sei nicht traurig«, sagt die Mama. »Die Zeit geht eben weiter. Jetzt ist Fasching. Du könntest das Zimmer mit Papierschlangen und Luftballons schmücken. Dann kommt es dir gleich nicht mehr so leer vor.«

»Morgen«, sagt Tino. »Morgen hänge ich Papierschlangen auf. Heute will ich noch traurig sein.«

Tino und die fremde Brille

Tino zieht den Opa hinter sich her.
Der Opa zieht den Schlitten hinter sich her.
»Schneller!«, sagt Tino. »Ich will heute hundertmal den Haselhang hinunterfahren.«
»Schon recht«, schnauft der Opa.
Der Weg führt hügelaufwärts zwischen verschneiten Sträuchern und Bäumen hindurch. Auf die Zweige der Fichten sind dicke Kissen aus Schnee gepackt. Die rötlichen Stämme der Kiefern sind auf der Windseite weiß überhaucht. Einzelne hohe Distelgewächse, die gelb und dürr aus der Schneedecke ragen, tragen runde weiße Mützen. Schlittenspuren und große und kleine Stiefelabdrücke laufen vor Tino und dem Opa her.
Der Haselhang ist bunt vor lauter Kindern mit Schlitten. Der Opa rodelt zwei-, dreimal mit Tino, dann entdeckt er einen Opakollegen, der auch lieber in der Sonne steht und plaudert.
Tino trifft Max aus seiner Kindergartengruppe und Gül mit ihren älteren Schwestern. Tino lädt Gül zum Mitfahren ein. Sie sausen jedes Mal schneller als Max den Hügel hinunter.
Die Sonne leuchtet rot hinter den Föhren. Graue Wolken mit rosa Rändern schieben sich über den Himmel. Die meisten Kinder sind schon nach Hause gegangen. Auch Gül verabschiedet sich. Max ist ebenfalls ver-

schwunden, ohne Abschied, weil er sich ärgert, dass Tino und Gül immer die Schnelleren waren.
Nun sind Tino und der Opa allein am Haselhang. Zarte Flocken wirbeln durch die kalte Luft. »Schluss jetzt!«, ruft der Opa.
Sie stapfen den Weg zur Busstation hinunter. Der Schnee knirscht unter ihren Stiefeln. Noch schimmert im Westen ein lilarötlicher Schein durch die Bäume.
»Halt!«, sagt Tino. »Was liegt da auf dem Weg?«
Er bückt sich und hebt eine Brille auf. Eine kleine Brille mit blauer Einfassung. Auf den blauen Bügeln glitzert je ein silberner Stern.
»Oje«, sagt der Opa. »Die hat ein Kind verloren. Kennst du diese Brille?«
»Nein«, sagt Tino. »Der Max und die Gül haben keine. Es ist eine ganz fremde Brille. Lassen wir sie da? Das Kind wird sie suchen kommen, morgen oder wann.« Er legt die Brille am Wegrand in den Schnee. »Damit keiner drauftritt.«
»Moment«, sagt der Opa. »Das machen wir anders. Wenn es nämlich stärker schneit, ist die Brille bis morgen verschwunden.«
Er sucht zwischen den Bäumen und zieht ein paar abgebrochene Äste hervor. Die steckt er unter einer hohen Kiefer so in den Schnee, dass die oberen Enden die Spitze einer Pyramide bilden. Tino bricht Disteln und Fichtenzweige ab und bindet sie mit einem Wollfaden aus seinem Schal zu einem Büschel. Er hängt das

Büschel an die Spitze der Astpyramide. Obendrauf legt er die Brille. »Gut so?«
Der Opa nickt.
Schnell gehen sie durch die immer dichter fallenden Flocken, lautlos gleitet der Schlitten hinterher.
Am nächsten Tag holt der Opa Tino und Tina vom Kindergarten ab.
»Ich möchte wissen, ob die Brille noch da ist«, sagt Tino.
Gleich nach dem Mittagessen wandern sie Richtung Haselhang. Tino läuft voraus. Er dreht sich um und winkt. »Weg ist sie«, schreit er. »Aber da ist was geschrieben!«
Als der Opa und Tina vor der Astpyramide ankommen, sehen sie die Buchstaben im frischen Schnee.
»Lies vor!«, bittet Tino.
»Danke«, liest der Opa. »Seht ihr? D – A – N – K – E.«

Tino und das Faschingsfest

Im Kindergarten wird Fasching gefeiert.
Tina kommt als weißgepuderter Clown mit roter Pappnase und rosa Glatze.
Tino erkennt sie schon von weitem an ihrem Gang. Niemand macht so schnelle, energische Schritte wie Tina.
Gül hat sich als Prinzessin aus Tausendundeiner Nacht verkleidet. Sie trägt seidene Pumphosen und einen Schleier vor dem Gesicht.

Tino erkennt sie an den Händen. Niemand hat so zarte Finger wie Gül.
Max kommt als siebenter Zwerg. Langes graues Haar hängt ihm unter der Zipfelmütze ins Gesicht. Mund und Kinn sind unter sehr viel grauem Bart versteckt. Aber Tino erkennt ihn sofort an den Augen. Niemand hat so blaue Augen wie Max.
Tino ist ein Schlossgespenst. Er trägt ein altes Leintuch mit Augenschlitzen und hat sich darüber noch eine Brille mit dunklen Gläsern aufgesetzt.
Niemand erkennt ihn.
»Wozu braucht ein Gespenst eine Sonnenbrille?«, fragt Max.
»Das ist eine Mondbrille, dummer Zwerg«, antwortet das Gespenst.
»Selber dumm«, kichert Max. »Du bist der Tino. Ich erkenne dich an deiner Stimme.«
»Ach ja, der Tino«, sagt das Gespenst. »Der hat mir heute seine Stimme geborgt.«

Tino und der Frühstückskakao

»Ich hasse diesen langweiligen Kakao«, sagt Tino zur Mama.
»Moment«, sagt die Mama. Sie nimmt Tinos Tasse und schüttet den Kakao in den Topf zurück. Mit einem Quirl sprudelt sie den Kakao noch einmal tüchtig durch. Sie streut eine winzige Prise Zimt hinein. Sie holt eine frische Tasse, nicht aus dem Küchenschrank, sondern aus der Glasvitrine im Wohnzimmer. Die Tasse ist hoch und schmal und mit goldenen Blättern verziert. Die Mama gießt den Kakao hinein. »Probier doch den!«

Tino kostet vorsichtig. »Was ist das?«
»Der Zauberstärketrank der alten Mexikaner«, sagt die Mama.
»Schmeckt toll«, sagt Tino.

Tino und die Grippewelle

Tina liegt mit Fieber im Bett.
Jonathan hustet seinem Computer was vor.
Die Mama kocht kannenweise Hustentee.
Der Papa niest und bleibt vorsichtshalber einen Tag zu Hause.
Der Opa schimpft mit der Oma, weil sie trotz Schnupfen und Halsweh ins Büro gehen will. Nachdem die Oma gegangen ist, schimpft der Opa mit dem Sessel, auf dem die Oma gesessen hat. »Unglaublich stur sind diese Weiber«, sagt er zu dem Sessel. »Wenn das nun eine Grippe ist? In unserer Stadt sind schon ein paar Leute dran gestorben!«
Tino erschrickt. »Was! Gestorben?«
»Sehr alte Leute«, sagt der Opa schnell. »Uralte, die ein krankes Herz gehabt haben.«
Am nächsten Tag hört Tino, dass auch die Uroma arg erkältet ist und im Bett bleiben muss.
»Ich will sie besuchen«, sagt Tino.
»Auf keinen Fall«, sagt die Mama. »Du könntest dich anstecken!«
»Ich bleibe an der Tür stehen«, sagt Tino. »Ich schaue sie nur von weitem an.« Er bettelt so lange, bis die Mama einverstanden ist. Sie kocht ein Apfelkompott, dann geht sie mit Tino zur Uroma. Die wohnt nur zwei Häuserblöcke weiter. Mit dem Lift fahren sie ins dritte

Stockwerk. Die Mama hat einen Schlüssel zur Uromawohnung.
»Ich will euch nicht anstecken«, ruft die Uroma sofort. Ihre Stimme klingt heiser wie die einer alten Krähe. Und ihre Nase erinnert Tino an einen Krähenschnabel, so dünn und grau sieht sie heute aus.
»Hast du Grippe?«, fragt Tino von der Tür her. »Wirst du sterben?«
»Aber Tino!«, ruft die Mama entsetzt. »Sowas fragt man doch nicht.« Sie stellt der Uroma ein Schüsselchen mit Kompott ans Bett.
»Ich will's wissen«, murmelt Tino. »Musst du sterben?«
»Irgendwann einmal ganz bestimmt«, krächzt die Uroma. »Vielleicht schon bald. Aber nicht an dieser langweiligen Grippe!«
»Versprochen?«, flüstert Tino.
»Versprochen«, kräht die Uroma.
Tino nickt. Er weiß, dass die Uroma noch nie ein Versprechen gebrochen hat.
Die Uroma kostet vom Apfelkompott. Dann sagt sie: »Tino, das mit dem Sterben, das ist so: Nach dem Tod lassen die Menschen ihren verbrauchten Leib samt Haut und Knochen auf der Erde zurück und gehen in ihrem unsichtbaren, geistigen Körper zu Gott in den Himmel. Dort gibt es viele Wohnungen. Wer nun als Erster stirbt, kann für die Späteren die Wohnung herrichten. Praktisch, nicht?«

Tino denkt nach. »Du meinst, du würdest uns ...«
»Klar«, krächzt die Uroma. »Und wenn du bedenkst, wie groß unsere Familie ist, habe ich ziemlich viel herzurichten. Denk daran, wenn ich gestorben bin. Versprochen?«
»Versprochen!«, sagt Tino.
»Na dann...«, sagt die Uroma erschöpft und streicht sich mit zittrigen Fingern über das Runzelgesicht. »Dann können wir uns wieder mit alltäglichen Problemen beschäftigen. Was meint ihr, mit wie vielen Gästen müssen wir rechnen, im März, wenn wir meinen neunzigsten Geburtstag feiern?«
»Was meinst du? Tausend?«, fragt Tino und schaut die Mama an.
»Denkt darüber nach«, murmelt die Uroma. »Bis zum nächsten Besuch.«

Tino und die Frau im Bus

Tino fährt mit seiner Mama im Bus. Ihm gegenüber sitzt eine Frau mit kurzem grauem Haar. Ihre Augenbrauen aber sind schwarz und schwingen sich zu den Ohren hinüber wie Käferfühler. Ihre Augen sind gräun-grau und an den äußeren Winkeln von vielen kleinen Falten umgeben. Die Frau gefällt Tino. Er legt den Kopf schief, einmal nach rechts, einmal nach links, um sie genau anzuschauen. Die Frau lächelt. Tino lächelt zurück.

»Ihr Kleiner, der versteht's«, sagt die grauhaarige Frau zu Tinos Mama. »Der wird einmal ein Herzensbrecher!«

Tino erschrickt.

»Mama, was ist das, ein Herzensbrecher?«

Die Mama lacht. »Oh, das ist einer, der … Na, überall, wo er auftaucht, bricht er die Herzen … Das ist so eine Redensart … Wenn …«

Tino will gar nicht mehr zuhören. Er zieht die Mütze über die Ohren. Er dreht den Kopf zum Fenster. Er macht die Augen zu und nicht wieder auf, bis zur Endstation, wo er mit der Mama aussteigen muss. Die Grauhaarige ist verschwunden.

Tino packt die Mama fest an der Hand. »Ich breche nichts entzwei!«, flüstert er. »Ich mache nichts kaputt. Und zerbrochene Herzen muss man zusammenkleben.

Darum werde ich nicht Herzensbrecher, sondern allerhöchstens Herzens-Ganzmacher, ja? Heilmacher, ja?«
Die Mama weiß nicht recht, was sie antworten soll.
»Ach, lass nur«, sagt Tino. »Ich werde doch lieber Papa!«

Tino und die Saatkrähen

Der Opa schaut zu, wie Tino den Krähen Futter streut. Sie fressen alles: Körner und kleingeschnittene Brotrinde, Fettränder vom Schnitzelfleisch, Gemüseabfall. Tino wirft die Brocken auf die Terrasse, dann beobachtet er die schwarzen Vögel von der Türe her. »Schau, Opa, wie nah sie herkommen! Sie haben keine Angst mehr vor mir. Alle sind da und fressen, nur eine sitzt da oben auf dem Ahorn und hält Wache.«

»Sie sind schlaue Gesellen«, sagt der Opa. »Sie spüren, wer's mit ihnen gut meint und wer nicht. Krähen können einen harmlosen von einem bösartigen Menschen unterscheiden.«

»Wieso?«, fragt Tino.

»Das weiß ich nicht genau. Sie haben eben ihre Erfahrungen, weil sie früher so stark gejagt worden sind. Damals hat man noch nicht gewusst, wie nützlich sie auf den Feldern sind als Mäuse- und Larvenfresser. Und es gibt immer noch Menschen, die auf sie schießen. Aber Krähen erkennen sofort die Absicht eines Menschen.« Der Opa holt seinen Stock, legt ihn an seine Schulter wie ein Gewehr und tritt an die offene Tür. »Piff paff«, ruft er.

Die Krähen drehen die Köpfe nach ihm, dann fressen sie weiter.

»Grad dass sie nicht lachen!«, brummt der Opa.

Da schlägt die Wächterkrähe auf dem Ahornbaum mit ihren Flügeln. Sie krächzt kurz und laut. Im selben Augenblick wird im Dachgeschoss des Nachbarhauses ein Fenster aufgerissen. Die Krähen fliegen zeternd hoch. Eine Wolke schwarzer Flügel kreist über dem Garten und schwenkt ab in Richtung Fluss. Aus dem Fenster tönt die Stimme des alten Herrn Lederer: »Schwarzes Mistgesindel! Abknallen sollte man euch! Und diese Idioten füttern euch noch!«

»Bleib ganz ruhig«, sagt der Opa und zieht Tino ins Zimmer herein. Leise schließt er die Terrassentür.

Tino wispert: »Die Mama sagt immer, der Lederer ist ein armer Narr. Aber vielleicht ist er doch ein böser Mensch?«

Der Opa seufzt und zieht die Stirn in dicke Falten, wie Frau Murbachs Dackel sieht er aus. Dann sagt er: »Böse? Wer darf das schon von einem anderen behaupten? Aber die Krähen haben Angst vorm Herrn Lederer. Darum rate ich dir: Sei auch du vorsichtig, Tino!«

Tino und das bunte Nest

In Tinos Kräuterbeet lugen grüne Spitzen aus der Erde.
»Ich geh meine Kresse gießen«, sagt Tino und bindet den Angoraschal um den Hals.
»Du bist schon komisch«, sagt die Mama. »Im Winter hast du den Schal nie tragen wollen, und jetzt im Frühling nimmst du ihn freiwillig?«
»Ja«, sagt Tino.
»Hast du Halsweh?«
»Nein«, sagt Tino.
Er geht und gießt das Kräuterbeet. Dann spaziert er durch den Garten. Die Forsythien blühen sonnengelb, die Äste schwanken im Wind. Meisen fliegen hin und her.
Tino zupft winzige Wollbüschel aus seinem Schal, weiche Angoraflocken in Babyblau, Mädchenrosa, Schrilltürkis, Luftballonpink und Omama-Lavendelblau. Die Wollflocken segeln mit dem Wind, schweben über die Wiese zu den Fliederbüschen hinüber.
Tino geht ins Haus zurück.
Die Mama schaut den Angoraschal an. Sie schüttelt den Kopf. »Kaum getragen, der Schal«, sagt sie, »und zerzaust und gerupft, als wär eine Schar Hühner darübergetrippelt.«
»Aber doch keine Hühner«, sagt Tino.
Eine Woche später erzählt die Mama: »Heute hab ich

was Hübsches im Garten entdeckt. Ein Vogelnest im Fliederbusch, eine Meisenmutter brütet.«
»Oh!«, sagt Tino.
»Aber das Hübscheste daran«, sagt die Mama, »das Hübscheste ist die Polsterung. Ganz bunt ist das Nest ausgepolstert, rosa und hellblau und sonst noch allerhand Farben –«
»Da bin ich baff«, sagt Tino.

Tino sucht den lieben Gott

Tino hat im Kindergarten genau zugehört. »Gott ist überall«, hat die Pfarrhelferin den Kindern erklärt.
Tino läuft neben Tina nach Hause und sagt: »Gott ist überall. Darum gehe ich ihn suchen, jetzt sofort.«
»Oh«, sagt Tina. »Den lieben Gott kann man doch nicht sehen.«
»Ich werde überall schauen«, sagt Tino.
Er rennt gleich in den Garten hinaus. In einem runden Beet blühen Stiefmütterchen. Sie haben kleine, freundliche Gesichter. Keines gleicht dem anderen, jedes ist schön.
Tino steht ganz still und schaut und wartet, aber er sieht nur Stiefmütterchen.
»Ich muss anderswo weitersuchen«, sagt er.
Da rührt sich etwas im Blumenbeet. Es huscht heimlich hin und her. Tino beugt sich vor.
Eine Maus guckt zwischen den Stiefmütterchen hervor. Ihr Schnurrbart zittert, ihr braunes Fell schimmert wie Seide. Tino freut sich.
Die Maus verschwindet im Gras. An den zarten Graswellen kann Tino erkennen, wohin die Maus läuft. Er rennt ihr nach.
Die Maus huscht zwischen den Zaunlatten in den Nachbargarten. Tino kriecht durch die Lücke im Zaun.
Herr Moser schneidet Holz. Mit nur einer Hand hält

er die Säge. Aber die Säge ist für zwei Arbeiter gemacht, nicht für einen.

»Ich hätte schon immer gern gesägt«, sagt Tino. »Darf ich mitsägen?«

Später schlüpft Tino in den Opa-Garten zurück. Er schwitzt und ist sehr zufrieden.

»Na?«, fragt Tina. »Hast du den lieben Gott gefunden?«

»Ich weiß nicht«, sagt Tino. »Aber morgen gehe ich ihn wieder suchen.«

Tino und die vielen Küsse

Tino mag seine Uroma, aber ihren Geburtstag mag er nicht. Denn zu diesem Fest kommen Gäste aus drei Ländern, und fast alle wollen Tino küssen.
»Küsschen, Tino!« – »Nun gib mir einen ordentlichen Schmatz!« – »Bussibussi, Tino, Bussibussi!«
Tino wird geküsst und muss selber küssen: Tanten, Großtanten und Urgroßtanten, sogar einige Onkel. Jede Tante duftet anders, aber auch einige Onkel duften.
Mitten im festlichen Gewühl trifft Tino seine Kusine Marianne, klein und fest und sonnenblumenhonigblond.
»Mich musst du nicht küssen –«, sagt sie zu Tino.
»Dich würde ich aber –«, antwortet Tino.
Endlich kann er sich bis zur Uroma durchdrängen. Er gratuliert ihr, schenkt ihr die Zeichnung, die er für sie gemacht hat, und küsst sie auf die Wange. Das ist nicht schlimm, das liebe Runzelgesicht seiner Uroma ist ihm vertraut.
»Tino«, sagt sie in sein Ohr, »im Badezimmer links – der Stapel mit den Gästehandtüchern …«
Tino versteht. Er geht ins Badezimmer. Vor dem Waschbecken steht Marianne, ein kleines rosa Gästehandtuch in der Faust. Sie ribbelt und reibt ihr Gesicht, ihre Haut ist schon gerötet. Tino nimmt ein blaues Tuch, hält es

unter den Wasserstrahl, drückt es aus und reibt die Küsse von seinem Gesicht.

»Ah –«, sagt er.

Marianne lächelt. »Alle Küsse weg?«

»Alle weg –«

»Dann ist Platz für einen Kuss von mir«, sagt Marianne. »Magst du einen?«

»Ja«, sagt Tino.

Sie stellt sich auf die Zehenspitzen und drückt ihren Mund auf Tinos linke Wange. Ihre Lippen sind kühl und warm zugleich und duften nach nichts – außer nach Garten. »Du, Marianne, wir könnten hinaus schaukeln gehen«, sagt Tino.

An diesem Abend will Tino nicht duschen. Er steigt in die Badewanne. Die Mama sieht, wie er sein Gesicht vorsichtig mit einem Waschlappen betupft: Stirn, Nase, Kinn, rechte Wange. Die linke Wange lässt er aus.

»Tut dir da was weh?«, fragt die Mama.

»Im Gegenteil«, sagt Tino.

Tino und die Kirschtomaten

Tinas Mutter steht unter dem Rosenbogen. Ihr runder Babybauch wölbt sich unter dem hellen Kleid. In jeder Hand hält sie einen Tontopf mit einer kleinen Pflanze.
»Tina! Tino! Ich hab was für euch!«
Tina kommt von Omas Terrasse herübergelaufen, Tino schlüpft durch die Lücke im Lattenzaun.
»Das sind junge Tomatenpflanzen zum Großziehen«, sagt Tinas Mutter. »Und zwar besondere, alte Sorten mit kleinen, süßen Früchten, Kirschtomaten, die auch im Topf gedeihen und auf der Terrasse stehen dürfen – wenn sie gepflegt und gegossen werden.«
»Mach ich«, sagt Tina und streckt beide Hände aus.
»Eine für dich, eine für Tino«, sagt ihre Mutter. »Sie haben schon die ersten Blüten, seht ihr? Daraus werden rote oder gelbe Minitomaten.«
»Mir die gelben«, schreit Tina.
»Mir die roten«, sagt Tino zu gleicher Zeit.
Tinas Mutter schmunzelt. »Na, wenigstens um die Farbe wird nicht gestritten … Und jetzt erkläre ich euch, warum ich euch diese Töpfe schenke. Ich möchte, dass ihr etwas Lebendiges beim Wachsen ganz genau beobachtet. Ihr werdet entdecken, dass ohne Wasser nichts leben kann. Denn wenn ihr eure Tomaten nicht gießt, verdursten und sterben sie.«
»Ist doch klar«, sagt Tino.

Tinas Mutter drückt den Kindern die Töpfe in die Hände. »Wenn unser neues Kind geboren ist, wollen wir es zur Taufe tragen. Es soll ein schönes Fest werden. Und bei diesem Fest spielt Wasser eine wichtige Rolle, versteht ihr? Der Priester gießt dem Kind dreimal das Taufwasser über den Kopf. In früheren Zeiten sind die Täuflinge sogar in einem großen Wasserbekken untergetaucht worden. Das Wasser bei der Taufe ist ein Zeichen für das Leben mit Gott, das dem Kind geschenkt wird. Gott begleitet jeden Menschen; er hat jeden lieb; nur durch diese Liebe gedeiht ein Mensch, genauso wie eine Pflanze nur mit Wasser lebt.«

Tino und Tina stellen ihre Töpfe auf die Veranda.

»In die Sonne, in den Schatten?«, fragt Tino.

»Wir müssen ausprobieren, was sie mögen«, sagt Tina mutig. Sie prüft mit der Fingerspitze, ob die Erde feucht ist, und rennt um eine Gießkanne.

Später sitzen die Kinder neben ihren Töpfen im Halbschatten.

Tina sagt: »Wenn meine gelben Minis reif sind, lade ich viele Leute ein. Es wird Brötchen geben mit Gurken, Eiern und Tomatenscheiben. Und Spießchen mit Käse und gelben Minis. Und gelbe Tomatensuppe und Nudeln mit gelber Tomatensoße, und wenn du mir ein paar von deinen roten Minis gibst, mache ich noch bunten Salat und –«

»Halt«, sagt Tino, »jetzt lass sie doch einmal in Ruhe blühen!«

Tino und das Ufo

»Tino!«, schreit Tina aus dem Garten. »Schnell! Ein UFO!« Tino rennt hinaus und schaut zum Himmel auf.
»Wo?!«
»Hier! Unterm Birnbaum!« Tinas Stimme klingt schrill vor Aufregung.
Tino rennt durch den Rosenbogen und zum Birnbaum. Kein UFO weit und breit. Die Wiese ist gelb mit Primeln gesprenkelt. Tina sitzt auf dem untersten Ast des Birnbaums und lacht. »April, April! Ätsch!«
Tino schaut die Wiese an, die Wiese ohne UFO, und schweigt.
»Wie kann man denn auf so einen Blödsinn reinfallen?«, quietscht Tina.
Tino seufzt.
»Enttäuscht?«, fragt Tina.
Er nickt. »Ich hätt's mir so gut vorstellen können ... Du nicht?«
»Nein!«, ruft Tina trotzig.
»Wie es da auf der Wiese steht«, sagt Tino. »Mit ausgefahrenen Standbeinen, ähnlich wie ein Käfer. Und wie es schimmert. Silbrig und am Rand noch ein bisschen orange. Weil es erst auskühlt, verstehst du.«
»Aha. Und was hättest du da getan, Tino?«
»Ich? Ich wäre rundherum gegangen. Und hätte gewartet, ob einer rausschaut.«

»So. Und dann?«
»Dann? Dann hätt' ich eben grüß Gott gesagt ...«
Tina springt vom Birnbaumast. »Jetzt geh ich lieber. Sonst kriegst du mich noch dazu, dass ich mir das UFO vorstellen kann.«
»Na, und wär das schlecht?«
»Ja«, sagt Tina und schaut Tino zornig an. »Weil's mir dann Leid täte, dass keines da ist.«

Tino und das Osterei

Tino nimmt einen Kochtopf.
Er gießt Wasser hinein.
Er stellt den Topf auf die Kochplatte.
Er legt ein Ei in den Topf.
Er lässt das Ei kochen, bis es hart ist.
Er schüttet rotes Farbpulver in das Wasser.
Das Ei wird ein rotes Osterei.
Tino nimmt eine Speckschwarte und reibt damit das Osterei ein.
Nun glänzt es, aber Tino muss sich die Hände waschen.
Dann nimmt er Opas Taschenmesser.
Er kratzt feine, weiße Muster in die rotgefärbte Schale: Wellen, Punkte, kleine Sonnen; Vögel, die hüpfen, und Vögel, die fliegen; ein Lämmchen mit Ringellocken; drei winzige Küken, eines davon mit einem Wurm im Schnabel. Den Wurm sieht man kaum, so fein ist er gekratzt.
Tino denkt: Vorher war das Ei so klein. Aber wenn man es verziert, merkt man erst, wie groß es tatsächlich ist …
Endlich ist das Osterei fertig verziert. Tino schenkt es Tina.
Tina schaut das Ei an. »Toll, danke«, sagt sie, schält das Ei und isst es auf.

Tino schreit: »Ich habe dir ein Osterei geschenkt, und du isst es auf?«
»Was hätte ich sonst damit tun sollen?«, fragt Tina.

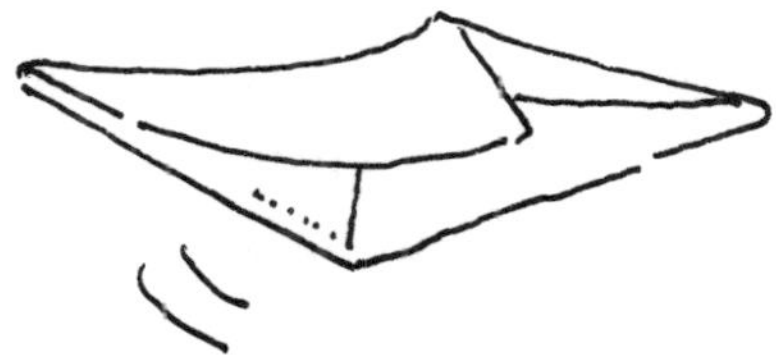

Tino hat einen Brief bekommen

Hinter Tinos Haken unter dem Sternzeichen steckt ein Brief. Tino trägt den Brief in die Küche zu Frau Gabi. »Bitte, lies mir vor!«

Frau Gabi schaut die wackeligen Buchstaben an. »Oje, oje. Da steht nichts Gescheites, und es fehlt auch die Unterschrift. Wirf ihn weg, den Brief!«

»Nein, ich will wissen, was drin steht!«

Frau Gabi liest vor: »Tino, du bist ein ganz dummer Dummkopf.«

»Aha«, sagt Tino.

»Kränk dich ja nicht, hörst du?«, brummt Frau Gabi.

»M-mh«, sagt Tino traurig.

Er weiß nicht, was er mit diesem Brief machen soll.

Einen lieben Brief könnte er herzeigen.

Einen lieben Brief könnte er unter sein Kissen legen.

Auf einen lieben Brief könnte er eine liebe Antwort diktieren.

Tino weiß nicht, wohin mit dem bösen Brief.
Der Brief zittert in seiner Hand.
Auf dem Weg nach Hause sieht er eine Regenpfütze.
Weiße Kastanienblüten segeln darin.
Tino faltet den Brief zu einem Schiff. Er setzt das Briefschiff zwischen den Kastanienblüten in die Pfütze. Das Schiff schwimmt. Langsam gleitet es über das Wasser.
Tino sagt: »Brief, jetzt bist du doch zu was gut!«

Tino und die Schildkröte

In einer Holzkiste auf Tinos Geburtstagstisch sitzt eine Schildkröte. Sie hat einen braunen Panzer mit schwarzen Flecken.
Tino freut sich. Er nimmt die Schildkröte aus der Kiste und setzt sie auf seinen Schoß. »Ich mag dich«, sagt er.
Aber die Schildkröte zieht den Kopf unter den Panzer.
Tino wartet lange Zeit. Er hält der Schildkröte ein

Stückchen von seiner Geburtstagstorte hin. »Da, probier! Damit du merkst, dass ich dich mag!«
Die Schildkröte rührt sich nicht.
Tino trägt sie zu seinem Bett. Er setzt sie neben seinen Lieblingsbären. »Merkst du, dass ich dich mag?«
Nun zieht die Schildkröte auch Beine und Schwanz ein. Sie ist ganz unter ihrem Panzer verschwunden.
Tino geht zum Geburtstagstisch zurück. Dort liegt neben der Holzkiste ein kleines Buch. Auf dem Einband ist eine Schildkröte abgebildet. »Soll ich dir vorlesen?«, fragt der Papa.
Tino nickt. Der Papa liest zuerst die Schrift auf dem Einband vor: »Alles über Schildkröten«.
»Lies mir das ganze Buch vor!«, bittet Tino.
Noch am selben Nachmittag gehen sie in den Garten hinaus. Gemeinsam bauen sie ein Gehege mit einer Steinterrasse zum Sonnenbaden, einer Wassermulde und einem Unterschlupf gegen schlechtes Wetter.
Tino setzt die Schildkröte auf die sonnenwarmen Steine. Er legt ein grünes Salatblatt in ihre Nähe. Er schneidet Obst und Gemüse in kleine Stücke.
Die Schildkröte schiebt den Kopf unter dem Panzer hervor. Langsam kommen Beine und Schwanz heraus.
»Na, wie fühlst du dich jetzt?«, fragt Tino.
Die Schildkröte geht zum Salatblatt und frisst.
»Ja, jetzt merkst du, dass ich dich mag!«, sagt Tino.

Tino und der Regenbogen

Tino macht mit dem Opa einen Spaziergang durch die Auen am Fluss.
Es hat leicht geregnet. Über den Himmel spannt sich ein Regenbogen.
»Warte auf mich«, sagt Tino zum Opa. Dann rennt er los. Er will unter dem Regenbogen stehen. Er will alle Farben über sich leuchten sehen.
Tino läuft durch Büsche und hohes Gras.
Auch der Regenbogen fängt an zu laufen. Er läuft vor Tino her.

Tino rennt, was er kann. Der Regenbogen rennt genauso schnell wie Tino.
Nur wenn Tino stehen bleibt und nach Luft schnappt, bleibt auch der Regenbogen stehen.
Langsam stapft Tino zum Opa zurück. »Regenbogen lassen sich nicht einholen, was?«
»Nein«, sagt der Opa. »Regenbogen sind immer voraus.«
Zu Hause nimmt Tino Papier und Bunstifte. Er zeichnet eine Wiese mit Büschen und hohem Gras. Er zeichnet einen Jungen, der in der Wiese steht. Er zeichnet einen Regenbogen. Der leuchtet über der Wiese und über dem Jungen.
»Schau, Opa«, sagt Tino. »Jetzt steht der Tino unter dem Regenbogen.«

Tino und Tina

Die Pfingstrosen verblühen. Tino sieht ihnen zu, wie sie eine nach der anderen mit einem kleinen Plumps alle Blütenblätter auf einmal fallen lassen. Tino sammelt die Blätter aus dem Gras. Sie sind wunderschön, wie kleine weiße und rote Schalen.

»Tino, Tino, wo bist du?«

Tina kommt durch den Rosenbogen gelaufen. Ihre Augen sind dunkel vor Schreck. »Tino, jetzt haben sie gerade meine Mama abgeholt. Sie fährt mit dem Papa in die Klinik, dort wird sie unser neues Kind auf die Welt bringen!«

»Juchu!«, ruft Tino.

»Ich weiß nicht, du«, sagt Tina. »Die Mama hat Schmerzen gehabt. Sie hat zwar gesagt, sie freut sich schon so, aber ich hab gemerkt, wie weh es ihr tut. Sie hat so gemacht, schau–« Tina krümmt sich und presst die Hände auf den Bauch. Dann setzt sie sich neben Tino ins Gras. Er kann kaum verstehen, was sie flüstert.

»Sag's noch einmal, Tina.«

»Sie haben Weh, wenn sie uns kriegen, Tino …«

Tino weiß nicht, wie er Tina trösten soll. Soll er reden? Soll er still sein?

Er legt ihr ein Pfingstrosenblatt in den Schoß, noch eins und noch eins und immer wieder eins. Er schaut

zu, wie Tinas Finger mit den Blütenblättern spielen. Tina streichelt die Blätter, rollt sie ein und aus, lässt sie durch die Finger rieseln und fängt sie wieder ein. Und nun zerzupft sie die Blätter in winzig kleine Teile und bläst sie fort, dass die grüne Wiese rundum rot und weiß übersät ist.

Irgendwann einmal kommt die Oma aus dem Haus.

»Tina, du hast einen Bruder bekommen! Gerade hat der Papa angerufen. Das Baby wiegt vier Kilo, und allen geht es gut!«

»Hat es sehr weh getan?«, fragen Tino und Tina wie aus einem Mund.

Die Oma schaut sie verwundert an, dann antwortet sie schnell: »Ach, dieses Weh, das vergisst man doch sofort, wenn das Kind gesund und munter ist.«

»Wir werden ihn Martin nennen«, sagt Tina. »Martin Christian Theodor.«

»Wirst sehen, es ist einmalig schön, einen Bruder zu haben«, sagt Tino zu Tina. »Frag nur den Jonathan!«

Tino steigt auf einen Berg

Tino geht den anderen voran. Er will schneller sein als Papa, Mama und Tina. Er will der Erste sein, der den Berg hinaufsteigt. Bald, bald ist er auf dem Gipfel!
Der Gipfel ist eine sanfte Kuppe, aber auch eine sanfte Kuppe hat einen höchsten Punkt.
Tino sitzt auf dem höchsten Punkt. Ringsum ist es still. Gelbe Sternblumen wachsen zu seinen Füßen. Eine Eidechse huscht über einen Stein. Oben am Himmel kreist ein dunkler Vogel.
Tino schaut den Berg hinunter.
Weit unten sitzt Tina. Tina ist winzig klein. Tina ist nur ein blauer Fleck im grünen Gras mit einem bisschen Blond darüber.
Tino geht den Berg hinunter. Er geht an Tina vorbei.
»He!«, ruft Tina. »Spielen wir was?«
»Weiß nicht recht«, sagt Tino. »Was fang ich an mit einem winzig kleinen blauen Punkt?«

Tino und die Sauerei

Im Sommer darf Tino drei Wochen bei Tante Lisbeth wohnen, in einem kleinen Ort am See. Die Mama hat Tino gebeten, in diesen drei Wochen ein besonders liebes, freundliches Kind zu sein. Denn Tante Lisbeth ist eine Großtante, die keine Schimpfwörter mag und auch sonst die Umwelt schont.
Tante Lisbeth sortiert den Müll aus ihrem Haushalt in sieben verschiedene Säcke, und Tino hilft ihr dabei: Abfälle für den Komposthaufen im Garten, Papier, weißes Glas, farbiges Glas, Alu-Dosen, Blechdosen und Altmetall, Batterien und abgelaufene Medikamente.
Tante Lisbeth ermuntert auch ihre jungen Nachbarinnen, den Müll zu sortieren. »Wenn ich alte Frau es schaffe, schaffen Sie das auch!«
Am Ortsrand stehen große Container für den getrennten Müll. Tino und Tante Lisbeth tragen ihre Säcke hin und leeren sie aus: Glas zu Glas, Papier zu Papier …
Eines Tages sehen sie ein riesiges Müllauto dort stehen. Zwei Männer in orangefarbenen Overalls kippen die Container in den Müllschlucker: Glas, Papier, alles durcheinander.
»Halt!«, ruft Tante Lisbeth. »Nicht alles durcheinander! Wo sind die anderen Sammelautos?«
»Tut mir Leid«, sagt der eine Müllmann. »Die sind diesmal ausgefallen.«

»Das ist eine Sauerei!«, schreit Tino.
»Reg dich nicht auf, Kleiner!«, sagt der zweite Müllmann. »So wie unsere Welt aussieht, ist sowieso schon alles egal!«
»Dass Sie das sagen, ist die zweite und ebenso große Sauerei«, sagt Tante Lisbeth.
Zu Hause verwendet Tante Lisbeth das Wort »Sauerei« noch dreimal: bei Telefonaten mit dem Bürgermeister, mit der Landesregierung und mit einem Zeitungsreporter. »So«, sagt sie nachher zu Tino, »und mehr können wir im Moment nicht tun!«

Tino und der Abendduft

»Nimm dir eine warme Jacke mit«, hat Susanna gesagt. »Ich will dir etwas vorführen.«
Aber der Abend ist gar nicht kühl. Die Mauer des Hauses hat den ganzen Tag Sonne geschluckt und strahlt noch immer Wärme ab. Tino sitzt eng neben dem Rollstuhl, hält Susannas Hand und horcht in den dunklen Garten hinein. Was will sie ihm vorführen? Soll er die Augen anstrengen oder die Ohren? Im schwachen Sternenlicht schimmern helle Blumenkelche auf hohen Stielen. Susanna zählt Tino die Namen auf: Nachtlevkojen mit violetten Blüten, Nachtkerzen mit großen gelben Blüten, lila und weiße Nachtviolen, und dann die gelben und rosa Blütentrichter der Wunderblume.
Rund um diese Blumen schwirrt und flattert es. Tino kann sie mehr spüren und hören als sehen, die vielen Nachtfalter, die in dieser Gartenecke unterwegs sind. Gut, dass Susanna kein Windlicht angezündet hat. Viele Falter würden in die Flamme fliegen.
Tino lehnt den Kopf an Susannas Arm und schnuppert. »Du riechst so gut.«
»Nicht ich«, flüstert Susanna. »Steck die Nase in die Luft! Du musst wittern wie ein Tier.«
Aber das ist gar nicht mehr nötig. Wie ein Wogenschwall kommt es über Tino, Duftwelle um Duftwelle, schwere süße Gerüche, fast betäubend.

»Woher kommt der Duft?«, fragt Tino.
»Von meinen Nachtblumen«, sagt Susanna. »Sie öffnen die Blüten erst, wenn es dunkel ist. Diesen besonderen Duft, den wollte ich dich schnuppern lassen.«
»Danke«, sagt Tino und macht die Augen zu. Nun duften die Blumen, so kommt es ihm vor, noch viel stärker.
Als Tino später durch die Zaunlücke in den Opagarten zurückschlüpft, schimmert schwach ein Windlicht von der Terrasse. Oma, Opa und Frau Murbach sitzen noch bei einem Gläschen Wein.
»Tino, so spät noch!«, sagt die Oma.
»Ich war drüben bei der Susanna«, sagt Tino. »Die Mama weiß es.«
»Bei der Susanna!«, sagt Frau Murbach. »Also ich finde es schon rührend, wie euer Tino sich um das behinderte Mädchen kümmert.«
»Die Susanna kümmert sich um Tino«, sagt die Oma.
Tino läuft die Treppe hinauf.
Kümmern, so ein blödes Wort, denkt er, die da unten wissen nichts. Kümmern stimmt nicht. Es ist was ganz anderes. Sie hat mir doch den Abendduft geschenkt.

Tino und Martin

Tino hat genau zugeschaut und zugehört, wie der Priester den kleinen Martin getauft hat. »Martin Christian Theodor«, hat er laut und deutlich gesagt, »ich taufe dich im Namen des Vaters und des Sohnes und des Heiligen Geistes.« Und zugleich ist das Taufwasser in drei kleinen Bächen über Martins Kopf in die silberne Schale geflossen. Und Martin hat gebrüllt. Er brüllt noch immer. Er wird erst viel später verstehen, dass er nun zu Jesus gehört und zur Gemeinschaft aller Christen.
Der Priester lädt alle in der Kirche ein, dem Täufling ein Kreuzzeichen auf die Stirn zu zeichnen und ihm einen guten Wunsch mitzugeben.
Tino überlegt, was er Martin wünschen soll. Dass er bald reden kann, damit alle verstehen, was er will? Dass er im Garten immer ein gutes Versteck findet, wenn er allein sein mag? Dass er Purzelbäume schlagen lernt, damit ihn im Kindergarten niemand auslacht? Dass ihm immer eine Antwort einfällt, wenn die Tina ihn neckt?
Martin hat einen roten Kopf, so sehr strengt ihn das Brüllen an. Genauso rot wie die süßen, reifen Minis an Tinos Tomatenpflanze auf der Terrasse.
Vielleicht hat Martin Bauchweh? Will er in die Windelhose donnern, und es fehlt noch ein bisschen Schwung?

»Tino, du bist an der Reihe!«
Der Papa, Martins Taufpate, hält ihm das plärrende, rüschen- und spitzenumrahmte Baby hin. Tino zeichnet mit dem Daumen vorsichtig ein Kreuz auf Martins Stirn und – wegen des Bauchwehgebrülls – noch ein Kreuzchen auf Martins Bauch. »Dass du leichter donnern kannst«, flüstert er.
Und tatsächlich, Martin runzelt die Stirn und kneift die Augen zu, während in seiner Windelhose das Gewitter losbricht. Gleich darauf öffnet Martin die Augen, blickt freundlich umher und lacht, als er Tino erkennt.
»Na also«, sagt Tino. »Ich hab noch viele gute Wünsche für dich, die sag ich jetzt im Stillen dem lieben Gott.«

Tino und das Telefon

Tino geht zum Telefon. Er hebt den Hörer ab.
»Grüß dich, Gott«, sagt Tino. »Stell dir vor:
Die Tina hat mich heute Vormittag nichts als geärgert. Das Zeichenblatt hat sie mir zerknittert. Den Radiergummi hat sie mir versteckt. Auf meine schöne gelbe Sonne hat sie grüne Schnecken gemalt. Sie hat mich gezwickt und geboxt. Aber ich, ich habe kein einziges Mal zurückgeschlagen.

Wie bitte?
Du meinst, ich hätte ihr meinen Kugelschreiber ruhig einmal leihen können? Aber er ist doch ganz neu! Wenn sie ihn kaputtmacht …
Du meinst, von Einmal-leihen geht der Kugelschreiber schon nicht kaputt? Na gut, das nächste Mal soll sie ihn haben!
Also dann grüß dich, Gott!«
Tino legt den Hörer auf.
Tina fragt: »Mit wem hast du telefoniert, Tino?«
»Mit dem lieben Gott«, sagt Tino.
»Aber Tino!«, sagt Tina. »Dazu brauchst du doch kein Telefon. Gott hört dich auch so!«
»Das weiß ich«, sagt Tino. »Aber ich tu mich leichter so!«

Tino und das Gänseblümchenfest

Tino schlüpft durch die Zaunlücke in den Nachbarsgarten.
Susanna sitzt in ihrem Rollstuhl an der Hausmauer. Die Sonne scheint warm, trotzdem hat Susanna über ihre Knie eine weiche Decke gebreitet.
»Hallo, Susanna«, sagt Tino. »Hast du diese Woche Geburtstag?«
»Nein ...«
»Namenstag auch nicht?«, fragt Tino.
»Auch nicht Namenstag.«
»Ich leider auch nicht«, sagt Tino. »Keiner von uns. Dabei will ich ein Fest feiern.«
»Denk dir eins aus!«
»Irgendeins?«
»Eines, das sein muss«, sagt Susanna mit ihrer sanften, schönen Stimme. »Zum Beispiel das Gänseblümchenfest.« Sie zeigt auf die Wiese, die von Gänseblümchen weiß und rosa überzuckert ist.
»Wie geht ein Gänseblümchenfest?«, fragt Tino.
Susanna kramt in der Korbtasche, die an der linken Armlehne ihres Rollstuhls hängt. Hier hat sie Bücher, Papier und Farbstifte immer griffbereit. Sie holt ein kleines Buch hervor. »Das ist eine Broschüre über essbare Blumen. Ich lese dir vor, was man mit Gänseblümchen alles machen kann.«

Sie blättert und sagt: »Gänseblümchen in den Salat. Gänseblümchen aufs Butterbrot. Hartes Ei mit Gänseblümchen. Und – das ist eine liebe Idee – Eiswürfel mit Gänseblümchen. Die kann man in Tee oder Himbeersaft geben.«

»Toll«, sagt Tino. »Aber kann man ein Fest mit etwas feiern, das nur aufgegessen wird?«

»Man könnte einander Armbänder aus Gänseblümchen schenken«, schlägt Susanna vor. »Und Gänseblümchengeschichten erzählen.«

Tino ist einverstanden. Er zeichnet Gänseblümchen mit weißem Stift auf grüne Einladungskarten. Er diktiert Susanna, was sie dazuschreiben soll. »Liebe Susanna, bitte komm zum Gänseblümchenfest. Liebe Gül ... Liebe Kristina ... Liebe Maria ... Liebe Franziska ...«

Er lädt sogar Max ein. Und die Frau Murbach samt Dackel. Und Jonathan und Jonathans Freundin Hannah und Opa und Oma. Und die Mama und den Papa, weil doch irgendjemand die Butterbrote streichen muss.

Es wird ein fröhliches Fest. Es sieht lustig aus, wie die Gänseblümchen-Eiswürfel im Hagebuttentee schmelzen. Es ist spannend, im Stille-Post-Spiel die verschiedenen Gänseblümchennamen weiterzusagen: Maßliebchen, Tausendschön, Marienblümchen ...

»Und das Wahrsagespiel?«, fragt Frau Murbach die Kinder. »Kennt ihr das nicht?« Sie nimmt ein Gänseblümchen von ihrem Butterbrot, leckt es ab und zupft ein Blütenblatt nach dem andern ab: »Er liebt mich – von Herzen – mit Schmerzen – a bisserl – a wengerl – gar nicht. Er liebt mich …«

»Hä?«, fragt Tina.

»Meine Mutter, von der ich das gelernt habe, war Wienerin«, sagt Frau Murbach. »A bisserl heißt ›ein bisschen‹, und a wengerl ›ein wenig‹ …«

»Ein wenig ist also weniger als ein bisschen?«, fragt Hannah, Jonathans Freundin.

»Ja, aber nur um a wengerl weniger«, erklärt Frau Murbach. »Und man darf beim Zupfen nicht verraten, an wen man grad denkt.«

Hannah zupft und zupft und ruft: »Er liebt mich!«

Jonathan wird rot.

Tino pflückt zwei Gänseblümchen und verschwindet damit hinter dem Komposthaufen. Er will allein sein bei diesem Spiel. Niemand soll sehen, wenn er rot wird oder blass oder traurig oder empört.

Er spürt, wie sein Herz klopft beim Blütenblätterzupfen.

Zwei Minuten später ist er wieder bei den Gästen. Er flüstert Susanna ins Ohr: »Von Herzen!« Sie lacht und gibt ihm einen Kuss.

»Na, und das zweite Gänseblümchen?«, fragt Tina.

Tino zuckt die Schultern. Er wird Tina nichts verraten. Sonst überlegt sie sich's noch. Schließlich ist »a wengerl« immer noch ein bisschen besser als »gar nicht«.

Geschichten von Fabian und seinen Freunden

von Lene Mayer-Skumanz,
illustriert von Heribert Schulmeyer

Fabian geht zur Erstkommunion
Geschichten rund um das große Fest
Ab 8. 160 Seiten. Gebunden
ISBN 3-491-79497-8

Fabian freut sich auf Weihnachten
Neue Geschichten und Gedichte
Ab 5. 144 Seiten. Gebunden
ISBN 3-491-79478-1

Fabian wartet auf Weihnachten
Ab 5. 144 Seiten. Gebunden
ISBN 3-491-79466-8

PATMOS